헌법과 반란

헌법학자 박상철 지음

CONSTITUTION & REBELLION

1961-05-16

1948-7-17

2024-12-03

Constitutionalism

Democracy

Influence

Control

Participation

헌법과 반란

끝나지 않은 반란 5·16부터 12·3까지
대통령 잘 뽑기와 한국정치의 성공 조건

PARK&JEONG

[서문]

 12·3 내란사태가 어느 정도 진행되었더라면 『헌법과 반란』의 출판은 불가능했을 것이다. 그 날의 비상계엄은 국가사회의 위기에 대한 응답이기보다는 윤석열 대통령의 자의적인 상상적 비상사태와 결합된 권력의지 및 반국가적 행동에 의하여 자행되었고, 국민이 멈춰 세웠다. 12·3 내란사태를 단순히 인위적인 자기정치의 노골화 차원이 아닌, 상당 기간 한국사회를 지배해 온 거대한 군사반란 흑역사의 연장선상에서 보아야 반란과 민주주의에 대한 제대로 된 해부와 해법이 나온다.

윤석열 개인에 대한 실망과 분노는 이 책을 쓰게 된 동기와는 전혀 무관하다. 제6공화국 대통령이 절대 가지 말아야 할 길로 간 것을 책망한 것이다. 넘지 말아야 할 금도의 선을 정상궤도인 것처럼 5·16의 박정희와 5·17의 전두환을 아예 반면교사로 삼은 것 같아 안타깝고 국가적으로 불행하다는 것이다.

박정희 제3공화국의 등장은 군사쿠데타였다는 점에서 처음부터 위헌이었으며 제6차 개헌은 장기집권을 위한 3선 금지조항 폐지, 제7차 개헌은 소위 '유신헌법'으로 불리는 영구집권을 위한 반입헌주의적 개헌이었다. 박정희 정권 유신체제의 나쁜 유산은 제5공화국 전두환 헌정체제에 그대로 상속되었는데, 많은 세월이 지난 지금도 12·3 비상계엄·내란사태에서 민주주의를 뒤흔든 논리와 행태를 고스란히 보고 있다.

12·3 내란사태 전에 나의 일상은 '깨어있는 시민'과 '정치인의 각성'을 촉구하는 의미에서 국민 모두에게 읽히는 소위 '민주시민교육총서'를 집필하는 것이었다. 특히 '한국은 민주사회인가' 자문하면서 그 답으로서 보수든 진보든

상관없이 동의하는 국가적 컨센서스, 즉 정치적 공감대를 찾고 있었다. 사사건건 여·야, 보수·진보 진영끼리 대한민국이 언제 시작되었냐부터 죽어라 싸우고 있는 한 G7을 넘보는 대한민국에서 민주주의는 한 걸음도 앞으로 나가지 못하기 때문에 원인과 해법을 찾고 있었던 것이다.

2024년 12월 3일 밤, 예기치 않은 일이 벌어져서 집필 중이던 책의 마무리를 잠시 미루고 '박정희 정권의 반헌법적 헌정유산들'에 집중하기로 했다. 위헌의 비상계엄과 불법적 내란사태의 뿌리를 철저히 규명함으로써, 반민주적·반문명적 사태가 이제는 한국사회에서 불가역적 회생불가의 영구소멸의 길로 사라지길 염원하는 외침이기도 하다. 언제까지 우리의 민주사회를 '추운 겨울날 밤 국민의 저항권 발동'에만 의존할 것인가. 박정희 정권의 반헌법적 헌정유산들에 대한 공부를 통해 대다수 국민이 동의하는 민주주의를 향한 물러설 수 없는 방어선을 제시하여야 했다.

이 책이 나오기까지 누구보다도 2019년 박정희 프로젝트를 기획·집행해 주신 안중근의사기념사업회 함세웅 신부님께 감사드리고자 한다. 2019년은 10·26 사태 40주년이자,

그날은 안중근의사의 110년 전 이토 히로부미 암살 거사일이기도 했다. 그날을 계기로 오랫동안 한국민주주의를 흔들고 있는 군사독재의 악령을 퇴치하고자 박정희의 나쁜 헌법정치 실체를 집중연구했던 것이 『헌법과 반란』 발간에 밑바탕이 되었다.

『헌법과 반란』은 12·3 내란사태를 스케치한 프롤로그와 함께, 1부는 5·16부터 12·3까지 끝나지 않은 반란들의 겉과 속을 완전 해부·관찰하여 반란의 진짜 이유와 방책을 정리했다. 두 번에 걸친 촛불과 탄핵 정국은 진보진영만의 승리가 아닌 전국적 범위에서 지역·연령·성별, 보수·진보 상관없이 모두가 참여한 소중한 국민저항운동이기에, 2부에서는 2016-2017 촛불혁명의 미실현을 냉정하게 비판·분석하고 K-민주주의의 실천을 위하여 개헌과 민주시민교육의 과제를 제시하였다. 최종적으로 제2의 탄핵과 촛불혁명은 적대적 관계에 있는 한국의 보수와 진보진영을 상호보완의 정치공간으로 이동·전환시킬 때, 비로소 완성된다는 점을 강조했다.

12·3 내란사태는 왜 헌법전문에 광주 5·18 정신을 명기

해야 하는가를 웅변하고 있다. 비상계엄이라는 국가폭력으로 점철된 우리 헌법을 재정비하고, 국민의 삶을 위한 헌법교육을 온 국민이 같이 공유할 때가 되었다. 나쁜 5·16 헌정유산이 낳은 괴물, 윤석열 12·3 내란사태라는 국가적 재앙 앞에서 주도면밀·신속하게 출간을 결정해주신 PARK & JEONG 정윤희 대표에게 경의를 표한다.

  이 책이 민주주의와 한국경제를 위태롭게 하는 12·3 내란사태에 저항한 대부분의 국민에게 위로와 감사를 드릴 수 있다면 보람이겠다.

2025. 1. 9.

평산 박상철

목차

[서문] _ 5

[프롤로그]
나쁜 헌정유산이 낳은 괴물, 12·3 내란사태 _ 17

밤에야 새벽을 알았다 • 18
불안정한 민주주의를 파고든 12·3 내란사태 • 21
박정희 정권의 반헌법적 헌정유산 연구가 답이다 • 22
유신긴급조치가 계엄령선포로 가능하다고 생각한 것 같다 • 23
히틀러·일제·박정희처럼 열등자로 '체제전복세력과 선량한 국민'을 설정하다 • 24
박정희 북한카드, 윤석열을 유혹하고 있었다 • 27
깨어있는 시민과 민주시민교육, 그리고 개헌 • 28

[1부]
끝나지 않은 반란,
5·16부터 12·3까지

1. 왜 5·16과 10월 유신 쿠데타를 제대로 공부해야 하는가 _ 32
반란과 독재의 전형 • 33
12·3 내란사태의 뿌리와 현행헌법 • 37

2. 군의 정치 개입, 박정희 장군의 권력의지다 _ 41
세계 최상급의 군부 정치관여 • 42
통치자적 군의 정치 개입 • 44

3. 위기정부와 계엄선포는 12·3 내란사태의 두 축이다 _ 50
시대를 풍미한 권력형 어용이론들 • 51
쿠데타 명분·조작으로서, '예외'와 '비상' • 54

4. 윤석열의 반국가세력론은 유신 때 한국적 민주주의론의 판박이다 _ 56

국격 추락의 주범으로서 쿠데타 • 57
무모한 민주주의 위장과 가장 • 59

5. 막장 드라마 같은 헌법정치 : 헌법폐기와 대체 _ 62

헌법폐기 및 대체와 군인신분의 정치참여 • 63
헌법정치 : 헌법공백과 정치교체 및 대통령직 대행 근거 • 67

6. 친위쿠데타는 헌법을 방석처럼 깔아뭉갠다 _ 70

인위적 정치형성과 양당체제 : 괴상한 비례대표제 • 71
친위쿠데타와 비상대권론 : 프랑스 비상대권과 비교 • 73
누구도 믿지 못하는 독재장치들 • 74

7. 박정희 북한카드, 윤석열을 유혹하고 있었다 _ 78

박정희·김일성 1972년 독재체제 구축과 표리부동의 7·4 남북공동성명 • 79
반공이데올로기 내면화와 경제성장의 과잉 이데올로기 • 81

8. 박정희·전두환·윤석열은 국가권력을 이용해
   민주법치국가 원칙을 파괴했다 _ 84

   통치수단을 공급하는 헌법 • 85
   불가능한 정권교체와 법치의 파괴 • 88

9. 박정희 헌정유산①
   : 이승만 정권 헌법적 흠결의 계승·확대 _ 91

   제헌헌법 국가통치원리의 무규정과 반공주의의 확산 • 92
   인위적 통치안 구상과 권력구조의 왜곡 • 93

10. 박정희 헌정유산②
    : 5·16 군사쿠데타와 권력구조의 '갑작스런 변경' _ 98

    권력자를 위한, 권력자에 의한 헌법개정 • 99
    개헌절차 일탈한 '갑작스런 변경' • 101

11. 박정희 헌정유산③
    : 한국헌법사에서 반입헌주의의 심화 _ 104

    국민의 삶과 무관한 집권용 개헌 • 105
    반헌법적 헌정유산의 청산 • 108

[2부]
K-민주주의와 개헌

1. 상해 임시정부의 법통과 대한민국헌법 _ 112

임시정부의 법통과 대한민국헌법 전문 규범력 • 113
건국설은 일제의 한국통치설 • 116
남남갈등의 뿌리로서 건국설 • 118
1948년 8월 15일은 건국일이 아니라 대한민국정부수립일 • 120

2. 개헌논쟁과 근본적·구체적·현실적 고민 _ 123

개헌의 근본적 쟁점 : 민주주의 방식 논쟁 • 125
① 다수제민주주의와 협의제민주주의
② 연합·연립·연대의 제도적 경험 부족
③ 4년중임제, 가장 익숙한 민주주의 시도

개헌의 구체적 쟁점 : 개헌방법과 국무총리·부통령 문제 • 131
① 단계적·순차적으로 최소한의 개헌
② 국무총리 존폐 논쟁
③ 부통령제 도입 논쟁

개헌의 현실적 쟁점 : 5년단임 대통령제의 폐기 • 140
① 사람의 실패인가, 제도의 실패인가
② 국민에게 권력이 더 가는 개헌

3. 국민과 지방분권 주체로서 주민 _ 147

주민은 없고 국민만 존재했던 대한민국헌법 • 149
지방분권 개헌과 주민자결권 • 150

4. 촛불혁명의 실패 원인과 과제 _ 154

'지배받는 주체'로 전락했던 탄핵시민혁명 • 156
문재인 정부가 남겼던 3대 맹점과 모순 • 160
① 개헌실패
② 국민적 총의를 받는 대북 승부수 불발
③ 통합정부론 공약 폐기
대통령 잘 뽑는 정치교육과 한국정치의 성공 조건 • 163
① 대통령 잘 뽑기와 민주시민교육
② 보수와 진보는 상호보완의 정치공간

5. K-민주주의의 실현을 위하여 _ 171

　토론이 있는 사회 • 172

　탈3차원적 장애 : 탈토론장애 • 175

　탈한계적·탈고정적·탈허구적 사고, 토론의 시작 • 178

　① 탈한계적 사고 : 오만과 자만

　② 탈고정적 사고 : 집착과 아집

　③ 탈허구적 사고 : 가식과 허상

[에필로그]
관찰, 성찰, 좌표 _ 185

　박근혜와 윤석열은 다르다 • 187

　촛불혁명의 성공과 한국정치의 비약적 발전을 위하여 • 188

프롤로그

1961-05-16
Constitutionalism
Democracy
Participation

1948-7-17
Influence
Control
2024-12-03

CONSTITUTION & REBELLION

나쁜 헌정유산이 낳은 괴물, 12·3 내란사태

밤에야 새벽을 알았다

2024년 12월 3일 밤, 한국 사회는 많은 것을 잃을 뻔했다. 우리의 대표인 국회·지방의회가 사라지고, 정당과 시민단체는 문을 닫게 되며, 언론·출판의 자유를 송두리째 빼앗길 뻔했다. 노동자의 노동권이 박탈되고 전공의·의료인들이 처단될 뻔도 했다. 계엄사령관 육군대장 박안수는 영장 없이 체포·구금·압수수색 하겠다는 포고령에 부모가 준 귀한 이름 석자를 올리고 있었다.

위헌의 비상계엄과 불법의 내란으로 종결되고 있는 12·3 사태는 아직 민주주의의 기반이 취약하고 불안정한 한국 사회의 현주소를 적나라하게 보여주고 있다. 건강을 잃고 그 소중함을 알듯이 계엄령이 포고되고 나서야 민주주의의 존재감을 새삼 확인한 밤이었다.

1961년 5·16 군사쿠데타와 1972년부터 유신체제가 한국 민주주의를 질식·압사시켰고, 1979년 12·12 신군부 쿠데타 및 1980년 5·17 비상계엄과 5공화국은 5·16의 복제로서 망국적인 독재국가를 재연·반복하였다. 설마했는데 현직 대통령인 윤석열이 도발한 수치스럽고 치욕적인 2024년의 12·3 내란사태는 박정희 정권의 반헌법적인 악성종양 유전자가 실로 44년 만에 재발한 셈이다.

내란 밤에야 새벽을 알았다. 민주주의는 민주화의 축성보다 제도화의 수성이 더 어렵다는 것을 확인하였다. 이제 '깨어있는 시민'과 '정치인의 각성'이 박정희 정권의 반헌법적 헌정유산을 영구히 불식·말소시켜 어떠한 격세유전마저 원천봉쇄하는 계기로 만들어야 하겠다.

국회 본관 진입 준비하는 계엄군. 윤석열 대통령이 2024년 12월 3일 밤 비상계엄을 선포한 가운데 4일 자정께 서울 영등포구 여의도 국회 본관으로 무장한 계엄군이 진입 준비를 하는 장면. [연합뉴스 자료사진]

불안정한 민주주의를 파고든 12·3 내란사태

많은 국민은 우리나라가 짧은 기간 압축적으로 산업화와 민주화를 이루어 냈다고 공공연히 이야기하고 믿고 있었지만, 여전히 '5·16 - 3선개헌 - 유신친위쿠데타'를 통해 만들어낸 박정희 장기독재정권의 반헌법적 암덩어리가 제거되지 않고 있었다.

2016-2017 광화문 촛불시위와 2017 탄핵이 상징한 바가 커서, 세계 제1의 민주주의 수출국가라고 자부하기도 했었으나, 우리 사회가 민주시민이 주도하고 있는 민주사회인가에는 반신반의였다. 겉모양새와 절차는 민주국가로 손색이 없지만, 보수·진보 서로간의 토론과 소통이 거의 없어 민주적인 힘이 약하고, 민주 수호의 최고규범인 헌법전에는 박정희의 그림자가 어른거리고 있는 불안정한 상태였다.

2019년 박정희체제의 반헌법적 나쁜 유산이 전대미문의 박근혜 대통령 탄핵을 자초했다고 진단하고, 안중근의사기념사업회와 박정희 프로젝트를 기획한 적이 있었다. 마침 그 해가 10·26 40주년이 되고 해서 박정희 정권의 반헌법적 헌정유산에 초점을 맞췄고, 박정희 반헌법정치의 유전자들이 종국적으로 민주주의 발전의 지체와 경제성장의 허구로 집중·귀결되었음을 재확인했었다.

그 해법으로 제10차 개헌의 불가피성이 자연스럽게 논의되었고 반문명적·반헌법적인 흑역사를 반복하지 않기 위해 많은 대안들이 무성하였으나, 결국 12·3 비상계엄·내란사태가 터지고 말았다.

박정희 정권의 반헌법적 헌정유산 연구가 답이다

지금 박정희 정권의 반헌법적 헌정유산들에 대한 전문연구는 우리 사회에 만연되어있는 반민주주의의 뿌리를 뽑아내고 악성종양의 근원을 제거하는 제1의 작업이라고 할 수 있겠다. 더 나아가 전국가적 토론을 통하여 민주주의에서 절대로 하지 말아야 할 것과 민주시민의 최소한의 기본책무에 대하여 정치적 컨센서스와 국민적 합의를 찾아가게 되면, 전화위복의 계기를 만들 수도 있다고 본다.

대한민국 헌정체제에서 박정희 연구의 최종목적은 보편적인 민주주의를 망가뜨린 사실적·규범적 흔적들을 찾아내어 제도적으로 발본색원하는 것, 즉 개헌이다. 예를 들어 대한민국의 문민화 수준으로 볼 때, 이제는 헌법 전에 비상계엄 조항들이 존재할 필요가 없다.

윤석열 대통령이 계엄을 고도의 통치·정치행위였다고 운운하고 있는 것도 박정희 정권의 나쁜 유산을 청산하지 못한 데서도 연유한 부분이 있다. 비상계엄 헌법조항을 볼 때마다 계엄령 선포와 군 동원의 유혹에 빠져들었을 법하다. 오랫동안 일제청산과 장기군사 독재역사와의 단절을 제대로 못한 한국 현대헌정사도 이제는 그 해법들을 스피드하게 마련하고 실천할 때가 되었다.

유신긴급조치가 계엄령선포로 가능하다고 생각한 것 같다

박정희 유신체제는 가상의 힘과 비상사태로부터 자유민주주의 체제를 방어한다는 명분으로 자유주의를 고사시키고 동시에 의회주의와 선거제도에 기반된 대의민주주의 시스템을 비틀어 버렸는데, 윤석열의 12·3 내란사태와 뼛속까지 닮은꼴이 아닌가 싶다. 유감스럽게도 현행헌법에도 과도한 비상대권을 손에 쥔 박정희의 검은 그림자가 짙게 드리워져 있어서, 독재와 독선의 권력의지가 강한 윤석열에게 박정희식 헌법정치는 교과서를 넘어선 교본 그 자체가 된 셈이다.

박정희 정권은 위기정부의 일상화, 예외상태의 보편화를 시도했다. 위험요소를 제거하기 위해 법을 정지시키는 것이 가능하다고 보았으며 그것은 일종의 긴급명령 또는 계엄선포로 실현되는 것을 의미한다. 길게는 63년이며 짧게는 52년 후의 윤석열은 민주적 선거절차에 따라 당선된 정통성 있는 대통령 자리를 불편해 한 나머지 박정희 판박이가 되고 있었다.

히틀러·일제·박정희처럼 열등자로 '체제전복세력과 선량한 국민'을 설정하다

박정희 정권의 헌정체제는 한국정치문화 환경의 후진성

을 강조하는 논리를 개발하여 '한국적 민주주의'란 신조어를 만들어냈다. 윤석열 12·3 내란사태 포고령 제1호에서 '반국가세력 등 체제전복세력'과 '선량한 일반국민'을 구별하여 거론할 때는 일제의 선민의식과 히틀러의 유대인 학살까지 연상되는 섬뜩함마저 있었다. 유신 때보다 거칠고 무대포였고 무모했기 망정이지 조금 더 정교했으면 이 땅에 많은 재앙이 시작될 뻔했다. 독재적 통제와 지배를 위한 명분으로 열등의식과 열등자를 설정하고 있다는 것, 박정희식 헌법정치를 구상했던 것 아닌가 싶다.

박정희 때 '국가재건최고회의는 5·16 군사혁명 이념에 투철한 국군 장교 중에서 전출된 20인 이상 30인 이내 최고위원으로서 조직된다'라고 천명함으로써 고려시대 무신정권 이후 20세기 민주헌정시대에 초유의 군사정권을 한국사에 출범시킨 것이었다.

"2시간 내란죄가 어디 있느냐?", "국회에 경종을 울리려 했을 뿐이었다"고 윤석열 측에서 변명하지만, 오랫동안 광범위하게 군장성·간부들에 손을 댄 것은 확실하다. 다만 어설펐고 본인 스스로 민간출신의 군미필자임을 망각한 것 같다.

윤석열 대통령은 2024년 12월 3일 밤 10시 28분 비상계엄을 선포했다. 윤석열의 12·3 내란사태는 63년 만에 박정희 망령이 되살아나는 공포와 함께 오랫동안 대한민국 민주주의 발전을 지체시킨 5·16 쿠데타와 10월 유신 친위쿠데타를 제대로 공부해야 하는 사유와 경각심을 발생시키고 있다. (출처_KTV 화면 갈무리)

박정희 북한카드, 윤석열을 유혹하고 있었다

박정희 정권 내내 위헌의 헌법정치가 자행되었으며, 반공 이데올로기 내면화와 경제성장의 과잉 이데올로기는 국가 지배 이데올로기를 대체하고 있었다.

윤석열은 남북한 박정희·김일성 권력의지와 1972년 독재체제 구축이 동시기·동시 등장하는 장면을 꽤 심도있게 상상했을 수도 있다. 1972년의 박정희 정권 변화는 국가적·사회적 위기에 대한 응답이라기보다는 정권담당자의 자의적인 비상사태와 결합된 권력의지와 반국가적 행동에 의하여 일어난 것이었다.

당시 헌법상 대통령에게 국회해산권이 없었으므로 남북관계를 생각하면서 "변화된 현상에 적응할 개혁"이 필요하다는 기상천외한 이유로 계엄령을 선포한 것이었다. 유신헌법 직전의 제3공화국 헌법과 제6공화국 현행헌법은 비교적 보편적 민주헌법의 특장을 갖고 있는 공통사항 때문에 박정희·윤석열 정권은 비슷한 명분과 절차의 계엄령을 움켜잡은 것이다.

깨어있는 시민과 민주시민교육, 그리고 개헌

돌이켜보건대, 박근혜 대통령탄핵 때 광화문 촛불혁명은 진보진영의 승리라기 보다 전국적 범위에서 보수·진보할 것 없이 국민참여 중심으로 진행·완수되었다는 것, 모두가 인정하는 팩트다.

이번 12·3 내란사태 극복·정상화 과정도 깨어있는 시민들의 파워없이는 유지될 수 없다. 한국정치를 분석할 때 최장집 교수류의 정당중심론으로는 볼 수 없는 한국 특유의 직접민주주의적 전통을 이제는 한국민주주의 제도의 중심축으로 보아야 한다. 즉 국민참여시스템 강화를 위한 개헌은 시대적 과업이다.

한국이 민주사회가 되기 위해서는 대한민국 국민이 정치·경제·사회·문화 기본사항에 대한 최소한의 국민적 합의, 즉 정치적 컨센서스가 있어야 비로소 실질적 민주주의가 진행될 수 있다. 예를 들어, 8·15 광복과 건국설, 개헌논쟁, 법치주의, 정당정치복원, 정당공천, 선거제도, 통합정부와 협치, 한국안보능력, 북한정책, 일본문제, 중국상식, 쿠데타 등에 대해서 공리公理와 같은 사항은 국민적 상식으로 다툼이 없어야 한다. 이 경우 비로소 서로 다른 생각을 토론하는 민주주의의 기반 내지 토대가 마련되는 것이다.

사사건건 여·야, 보수·진보 진영끼리 죽어라 싸우면 민주주의는 한 걸음도 앞으로 나아가지 못한다. 민주시민사회를 인류사회 고도의 완성 단계로 보는 것 중 가장 절실한 것은 서로 다른 생각을 가진 사람들이 같이 사는 교육이 되어 있는 공동체이기 때문이다. 12·3 내란사태는 대한민국 국민이라면 보수·진보, 여·야, 지역별, 연령, 성별 상관없이 당연히 '민주주의의 적'이라는 국가적·국민적 컨센서스가 있어야 민주주의를 할 수 있게 된다.

한국사회의 적대적 균열구조는 천문학적 사회경제 갈등비용을 허공 속에 뿌려대고 있고, 국가는 레임덕의 늪 속에서 한 발짝도 못나가고 있다. 외신은 한국경제에 엄청난 손실을 초래한 비상계엄을 한마디로 'GDP 킬러'(국내총생산 살인자)라고 표현했다. 적대적 관계의 보수·진보가 상호보완적 관계에 설 때에 정상적인 국가발전의 궤도에 들어선다

할 것이다.

　민주주의와 경제를 위태롭게 한 12·3 내란사태를 제대로 극복할 경우, 비로소 한국의 제2 비약적 발전이 가능한 시점이기도 하다. 박정희 정권의 반헌법적 헌정유산들에 대한 공부를 통하여 '12·3 내란사태'를 깊숙이 살펴보는 이유가 여기에 있다. K-민주주의와 개헌을 위하여.

1부

끝나지 않은 반란
5·16부터 12·3까지

CONSTITUTION & REBELLION

1 왜 5·16과 10월 유신 쿠데타를 제대로 공부해야 하는가

언제까지 우리의 민주사회를 '추운 겨울날 밤 국민들의 저항권 발동'에만 의존할 것인가. '박정희 정권의 반헌법적 헌정유산'에 대한 공부를 통하여 민주주의를 향한 물러설 수 없는 최소한의 방어선에 대해 절대적·국민적·국가적 합의를 하여야 할 때가 되었다.

유감스럽게도 현행 제9차 개정 대한민국헌법에도 박정희의 그림자는 어른거린다.

대한민국 헌정체제의 정상화는 박정희 체제의 완전한 극복이 가능할 때 비로소 시작된다. 박정희 정권의 반입헌성反立憲性은 한국헌법사에서 민주주의에 대한 불가역적 내상을 주기에 충분하였다.

윤석열의 12·3 내란사태는 63년 만에 박정희 망령이 되살아나는 공포와 함께 오랫동안 대한민국 민주주의 발전을 지체시킨 5·16 쿠데타와 10월 유신 친위쿠데타를 제대로 공부해야 하는 사유와 경각심을 발생시키고 있다.

반란과 독재의 전형

박정희는 5·16 군사쿠데타를 일으켜 국가권력을 장악하고 스스로의 개정형식을 빌어 제정한 제3공화국 헌법을 다시 파괴하여 3선개헌을 감행하였다. 결국 1971년 4월에 실시한 제7대 대통령선거 후 제3기까지 1년 5개월 만에 영구집권을 향하여 유신헌법을 제정하게 된다. 유신헌법은 권력 연장 의지의 산물로서 1인의 권력담당자를 위한 인격화된 권력구조, 입헌적 전제일 뿐이다.

1961년 5·16 군사쿠데타 직후, 5월 16일 오전 8~9시 경 중앙청 앞에서 박정희 소장과 이낙선 소령, 박종규 소령, 차지철 대위. [연합뉴스 자료사진]

대부분의 헌법 교과서에서 유신헌법을 제4공화국 헌법이라고 칭하고 있는 것은 전두환 정권이 스스로 제5공화국이라고 공식화하면서 유신헌법은 제3공화국 이후로 소급되어 제4공화국 헌법이 되고 말았다. 기실은 유신체제를 친위쿠데타의 결과로 규정 및 비판하는 입장에서는 '공화국 헌법'이 아닌 '유신헌법'으로 칭하였다.

5·16 군사쿠데타와 유신체제의 헌법적 정당화 이론은 권력형 어용학자로부터 제공받았다. 자유의 적들의 공세로부터 자유민주적 기본질서를 방치한 5·16 직전 한국의 상황은 국가와 민족의 존립이 위태로운 일종의 예외상태이고, 이때는 기존의 법적 질서를 정지시키고 국가긴급권이라는 비상조치를 발생시킬 수 있다는 것이다.

더 나아가 혁명이 성공하여 정권을 잡은 자들은 혁명권을 사용하여 국가긴급권을 발동하는 주체가 될 수 있다는 것이다. 실로 입헌민주주의의 핵심사항인 의회주의와 권력분립을 완전히 폐기한 것으로서 한국헌정에 있어서 헌법사적 존재가치가 전혀 없는 학문의 반역사적·반문명적·반민주적 어용행태에 불과하다. 5·16 군사쿠데타의 위기정부론과 국가긴급권을 동원하여 혁명권을 부여하는 것은 반국가 및 역사적 재앙을 초래한 학문적 패륜이다.

유신체제의 경우도 가상의 적과 상상적 비상사태로부터 자유민주주의 체제를 방어한다는 명분에 자유주의를 고사시키고 의회주의와 선거제도에 기반한 대의민주주의 시스템을 국민투표에 정통성을 부여·대체하는 방식으로, 집권자가 국민주권을 대의하는 방식으로 민주주의의 방향을 비틀고 왜곡시키는 것이었다.

'5·16 군사쿠데타 → 3선개헌 → 유신의 영구집권'으로 진행된 권력집중의 단계적·제도적 고도화 과정에서 박정희 정권의 헌정체제는 한국정치문화와 환경의 후진성을 강조하는 논리를 개발하여 '한국적 민주주의'라는 신조어를 만들어 냈다. 5·16 군사쿠데타 직후 슈미트C.Schmit의 위기정부론이 민주주의 왜곡논리를 형성·유지시켜가기 위해 준용準用·원용援用되었다면, 프랑스 제5공화국 헌법의 비상대권 논의는 유신체제의 소위 '한국적 민주주의'를 보편적 민주주의로 위장시켜 보려는 도용盜用·오용誤用이었다.

유신헌법상 대통령은 입헌적 절대 전제제의 절대군주와

같은 권한이 주어져 있어서 정부의 이원성은 상상할 수 없으며 입법부와 사법부에까지 막강한 영향력을 끼칠 수 있는 3권 통합권력자였다. 유신헌법을 입안한 당사자들이 헌법개정으로 불리기를 원하여 헌법전문에 국민투표에 의해서 개정한다고 표현했다 할지라도 헌법개정의 정당성을 획득할 수는 없다. 입헌민주주의 국가에서 헌법제정권력자는 국민 외에는 존재할 수 없기 때문에 유신헌법의 새로운 제정은 위헌적 헌법정치의 행태로 볼 수밖에 없다. 1인 장기집권의 도구로 전락하고만 유신헌법은 스스로 명목적이고 장식적인 헌법이기조차도 포기하고 적나라하고 공공연하게 박정희의 영구집권을 위한 역할을 맡고 있었다.

12·3 내란사태의 뿌리와 현행헌법

유감스럽게도 현행 제9차 개정 대한민국헌법에도 박정희의 그림자는 어른거린다. 박정희 체제의 반헌법적 나쁜 유산이 종국적으로 박근혜 전 대통령의 탄핵과 국민적 저항을 초래한 측면도 있다.

2017년 3월 10일 오전 서울 광화문의 대형 전광판에 헌법재판소의 박근혜 대통령 탄핵 심판 인용 결정이 생중계되고 있다. 전광판 옆으로 청와대가 보인다. [연합뉴스 자료사진]

만약 제20대 총선이 박근혜 전 대통령의 계획대로 진행되어 국회를 장악했었다면 제2의 유신체제 재발도 가능했을 것이다. 촛불혁명의 최소한의 헌법적 명령은 권력 민주화와 법치주의 사수에 있었다. 촛불국민의 성숙한 민주의식이 반입헌적·전제적 행태를 막고 탄핵에 이르게 하였다.

박정희 정권의 반헌법적 헌정유산에 대한 조사는 왜곡된 한국헌정사의 기원에 대한 회고적 연구로도 의미가 크다. 박정희의 위헌적 헌법정치를 한국적 현상으로 받아들이거나 나아가 그러한 행위가 분단한국을 지키고 산업화의 결실을 가져왔다고 믿는 이가 제법 되기 때문이다.

그러나 더 중요한 것은 현행 대한민국헌법에도 이승만·박정희·전두환 정권 시절의 반헌법적 국가운영 시스템이 작동될 수 있는 여지가 잔존해 있다. 행정부와 의회와의 관계, 대통령의 위임권한, 사법기관의 정치적 중립성 규정 등 많은 부분에서 제3·4·5공화국 헌법의 잔영을 발견할 수 있다. 특히 지방자치에 관한 현행헌법의 규정은 지방자치를 실질적으로 폐기한 유신헌법과 제5공화국 헌법 규정을 그대로 답습하고 있다.

그 극복을 위한 개헌방안 강구에 있어서 '박정희와 대한민국 헌정체제'의 연구적 가치와 의미는 더욱 배가된다고 하겠다. 특히 작금의 윤석열 대통령의 비상계엄, 내란 및 친위쿠데타 사태를 목도하면서 한국민주주의의 축성과 수성의 길이 험난하다는 것을 확인하였다.

언제까지 우리의 민주사회를 '추운 겨울날 밤 국민의 저항권 발동'에만 의존할 것인가. '박정희 정권의 반헌법적 헌정유산'에 대한 공부를 통하여 민주주의를 향한 물러설 수 없는 최소한의 방어선에 대해 절대적·국민적·국가적 합의를 하여야 할 때가 되었다.

2 군의 정치 개입, 박정희 장군의 권력의지다

5·16 군사쿠데타는 주동자인 박정희 장군의 권력의지가 매우 강력하여 군부의 정치개입과 행태에 있어서 독재의 제도적 고도화를 지향하고, 1972년 유신체제라는 친위쿠데타로 이어졌다.

윤석열은 군통수권자이지만 민간출신이자 군미필자여서 12·3 내란사태에서 군장악력의 정교함이 전무하였다.

세계 최상급의 군부 정치관여

1960·70년대 군의 정치개입 또는 쿠데타는 제3세계에서 드물지 않게 발생하여 사회과학 연구대상의 대표적 정치현상이었다. 5·16 군사쿠데타도 한국을 군의 정치개입 영역에서 예외를 용납하지 않았다. 윤석열은 군통수권자이지만 민간출신이자 군미필자여서, 12·3 내란사태에서 군장악력의 정교함이 전무하였다.

헌팅턴S. P. Huntington은 신생국가에서의 군사정변을 '예견할 수 있는 정치과정'으로 보고 신생국가의 독립국가 태동 및 근대화에 있어서 군사정변은 불가피한 것으로 규정한 바 있었다. 많은 군의 정치개입 이론들이 군부의 조직행태 특성 또는 정치문화적 측면에서 제3세계에서의 군부 정치개입을 설명하고 있으나 전반적으로 1960년대 이후 군의 정치에 대한 역할은 부정적 관점이 대세를 이루었다. 헌팅턴도 군대가 정치발전의 추진세력도 아니고 통치기술이 부족하여 사회발전을 주도하지 못하였으며, 정치적 제도화로도 정착되지 못하였음을 지적하였다. 특히 군의 정치개입은

헌팅턴S. P. Huntington은 신생국가에서의 군사정변을 '예견할 수 있는 정치과정'으로 보고 신생국가의 독립국가 태동 및 근대화에 있어서 군사정변은 불가피한 것으로 규정한 바 있었다.(사진_위키피디아)

취약한 정통성 문제로 국가발전에 매우 부정적인 것으로 볼 수 있다.

5·16 군사쿠데타는 주동자인 박정희 장군의 권력의지가 매우 강력하여 군부의 정치개입과 행태에 있어서 독재의 제도적 고도화를 지향하고, 1972년 유신체제라는 친위쿠데타로 이어졌다. 군부의 정치관여 정도가 영향력$_{influence}$, 참여$_{participation}$의 수준을 넘어서서 통제$_{control}$의 특성을 띠어 정치권력을 장악한 후 장군 및 군출신을 관료에 임명하는 행태를 제도화하여 버렸다.

통치자적 군의 정치 개입

군부의 정치적 역할은 매우 다양하여 대내외적인 안보를 수호하기 위해 강제력을 동원한 최소한의 군사적 영향력을 행사하거나 정부 각료직 확보를 통해서 정책결정 과정에서 상당한 영향력을 행사하고, 경우에 따라 정책결정과 지도자 선택에 대해서 거부권을 행사하는 양태를 띠기도 하였다.

이에 반해 5·16 군사쿠데타는 박정희 장군의 권력획득의 정치적 성향과 인위적인 군부개입 명분을 만들어 시도한 정치·사회적 성격의 군사쿠데타였다. 소극적인 중재자 또는 감시자적 군의 정치개입이 아니라 통치자적 성격을 띠면서 정권획득과 정치구조 개조 등 사회·경제적 변동을 시도하는 매우 폐쇄적인 군사정권을 기도 및 수립하였던 것이다.

군은 정치를 위해 전문화된 집단이 아니어서 정권지배의 기술적 능력이 부족하고 통치의 도덕적 명분 결여라는 태생적 한계를 가지고 있다. 이에 궁극적으로 군대가 정치안정과 사회발전에는 한계를 가질 수밖에 없기에 정치안정을 위한 일환으로 공산주의 팽창 저지와 근대화 추진을 국가의 최종목표로 설정하는 것이 상례였다.

5·16 군사쿠데타도 외형상 정치적·경제적·사회적 근대화를 주창하고 반공이데올로기를 정권의 제1의 이념적 좌표로 표방함으로써 미국의 지원을 꾀하였고, 2차 친위 쿠데타인 유신체제 형성 과정에서도 미국의 베트남전 후유증을 활용하였다.

〈표〉 박정희 1961년 5월 16일 군사혁명위원회령 제1호 비상계엄령

군사혁명위원회는 위원회령 제1호로서 대한민국 전역에 긍(亘)하여 단기 4294년 5월 16일 오전 9시를 기하여 비상계엄을 선포 실시하였음. 본관은 계엄법에 정하는 바에 따라 국내질서의 유지와 치안확보상 필요한 한도 내에서 엄정하게 이를 운영할 것임. 국민 제위는 군을 신뢰하고 국가재건을 위한 혁명과업수행에 적극적인 협조를 바라면서 다음 사항을 포고함.

1. 일절의 옥내외 집회를 금한다. 단 종교관계는 제외한다.
2. 수하(誰何)를 막론하고 국외여행을 불허한다.
3. 언론, 출판, 보도 등은 사전검열을 받으라. 이에 대해서는 치안확보상 유해로운 시사해설, 만화, 사설, 논설, 사진 등으로 본 혁명에 관련하여 선동, 왜곡, 과장, 비판하는 내용을 공개하여서는 안된다. 본 혁명에 관련된 일체 기사는 사전에 검열을 받으며 외국통신의 전재도 이에 준한다.
4. 일절의 보복행위를 불허한다.
5. 수하(誰何)를 막론하고 직장을 무단히 포기하거나 파괴, 태업을 금한다.
6. 유언비어의 날조 유포를 금한다.
7. 야간통행금지시간은 오후 7시부터 다음날 아침 5시까지 이상의 위반자 및 위법행위자는 법원의 영장없이 체포, 구금하고 극형에 처한다.

군사혁명위원회 의장 계엄사령관 육군중장 장도영

〈표〉 박정희 1972년 10월 17일 유신헌법 계엄포고 제1호

1972년 10월 17일 19시를 기하여 하기 사항을 포고함.

1. 모든 정치활동 목적의 옥내외 집회 및 시위를 일절 금한다. 정치활동 목적이 아닌 옥내외 집회는 허가를 받아야 한다. 단, 관혼상제와 의례적인 비정치적 종교행사의 경우는 예외로 한다.
2. 언론, 출판, 보도 및 방송은 사전검열을 받아야 한다.
3. 각 대학은 당분간 휴교조치한다.
4. 정당한 이유없는 직장이탈이나 태업행위를 금한다.
5. 유언비어의 날조 및 유포를 금한다.
6. 야간통행금지는 종전대로 시행한다.
7. 정상적 경제활동과 국민의 일상생업의 자유는 이를 보장한다.
8. 외국인의 출입국과 국내여행등 활동의 자유는 이를 최대한 보장한다.

이 포고를 위반한 자는 영장 없이 수색, 구속한다.

1972년 10월 17일
계엄사령관 육군대장 노재현

〈표〉 전두환 1980년 5월 17일 군사쿠데타 계엄포고 제10호

1. 1979년 10월 27일에 선포한 비상계엄이 계엄법 제8조 규정에 의하여 1980년 5월 17일 24시를 기하여 그 시행지역을 대한민국 전 지역으로 변경함에 따라 현재 발효중인 포고를 다음과 같이 변경한다.

2. 국가의 안전보장과 공공의 안녕질서를 유지하기 위하여

가. 모든 정치활동을 중지하며 정치목적의 옥내외 집회 및 시위를 일체 금한다. 정치활동 목적이 아닌 옥내외 집회는 신고를 하여야 한다. 단, 관혼상제와 의례적인 비정치적 순수 종교행사의 경우는 예외로 하되 정치적 발언을 일체 불허한다.
나. 언론 출판 보도 및 방송은 사전 검열을 받아야 한다.
다. 각 대학(전문대학 포함)은 당분간 휴교 조치한다.
라. 정당한 이유 없는 직장 이탈이나 태업 및 파업행위를 일체 금한다.
마. 유언비어의 날조 및 유포를 금한다. 유언비어가 아닐지라도 ① 전·현직 국가원수를 모독 비방하는 행위 ② 북괴와 동일한 주장 및 용어를 사용 ③ 공공집회에서 목적 이외의 선동적 발언 및 질서를 문란시키는 행위는 일체 불허한다.
바. 국민의 일상생활과 정상적 경제활동의 자유는 보장한다.
사. 외국인의 출입국과 국내 여행 등 활동의 자유는 최대한 보장한다.

본 포고를 위반한 자는 영장 없이 체포·구금·수색하며 엄중 처단한다.

1980년 5월 17일
계엄사령관 육군대장 이희성

〈표〉 윤석열 2024년 12월 3일 비상계엄 포고령 1호

계엄사령부 포고령(제1호)

자유대한민국 내부에 암약하고 있는 반국가세력의 대한민국 체제전복 위협으로부터 자유민주주의를 수호하고, 국민의 안전을 지키기 위해 2024년 12월 3일 23:00부로 대한민국 전역에 다음 사항을 포고합니다.

1. 국회와 지방의회, 정당의 활동과 정치적 결사, 집회, 시위 등 일체의 정치활동을 금한다.
2. 자유민주주의 체제를 부정하거나, 전복을 기도하는 일체의 행위를 금하고, 가짜뉴스, 여론조작, 허위선동을 금한다.
3. 모든 언론과 출판은 계엄사의 통제를 받는다.
4. 사회혼란을 조장하는 파업, 태업, 집회행위를 금한다.
5. 전공의를 비롯하여 파업 중이거나 의료현장을 이탈한 모든 의료인은 48시간 내 본업에 복귀하여 충실히 근무하고 위반시는 계엄법에 의해 처단한다.
6. 반국가세력 등 체제전복세력을 제외한 선량한 일반 국민들은 일상생활에 불편을 최소화할 수 있도록 조치한다.

이상의 포고령 위반자에 대해서는 대한민국 계엄법 제 9조(계엄사령관 특별조치권)에 의하여 영장없이 체포, 구금, 압수수색을 할 수 있으며, 계엄법 제 14조(벌칙)에 의하여 처단한다.

2024.12.3.(화)
계엄사령관 육군대장 박안수

3 위기정부와 계엄선포는 12·3 내란사태의 두 축이다

유신체제의 경우 상상적 비상사태를 상정하여 가상의 적으로부터 자유민주주의 체제를 방어하기 위해 역설적으로 자유주의를 고사시키고, 의회주의와 선거제도에 기반한 대의민주주의 시스템을 국민투표에 정통성을 부여하는 방식으로, 즉 집권자가 국민주권을 대의하는 방식으로 민주주의의 방향을 비틀고 왜곡시키는 것이었다.

위기정부의 일상화, 예외상태의 보편화를 시도했다. 위험 요소를 제거하기 위해 법을 정지시키는 것이 가능하다고 보았으며 그것은 일종의 긴급명령 또는 계엄선포로 실현되는 것을 의미한다.

위기정부론과 법정지를 위한 계엄선포는 12·3 내란사태에서도 필수품이었다. 다만, 준비 부족과 정치 감각 및 수준의 저급함으로 국민과 해외의 공감을 전혀 얻지 못했다. 반입헌적 유신헌법도 아닌 현행헌법에서 시도된 윤석열의 12·3 내란사태는 참으로 어처구니가 없었다.

시대를 풍미한 권력형 어용이론들

입헌주의constitutionalism는 민주주의의 헌법학적 표현이다. 5·16 군사쿠데타와 군의 정치개입이 입헌성의 실제적 파괴라면, 권력형 어용이론으로서 칼 슈미트의 위기정부론 준용은 입헌성의 이념적 폐기, 즉 민주주의의 왜곡이라 하겠다. 유신체제의 경우 상상적 비상사태를 상정하여 가상의 적으로부터 자유민주주의 체제를 방어하기 위해 역설적으로 자유주의를 고사시키고, 의회주의와 선거제도에 기반한 대의민주주의 시스템을 국민투표에 정통성을 부여하는 방식으로, 즉 집권자가 국민주권을 대의하는 방식으로 민주주의의 방향을 비틀고 왜곡시키는 것이었다.

아돌프 히틀러의 사망 소식이 게재된 《스타스 앤 스트라이프스》호외, 1945년 5월 2일 발행. (사진_위키피디아) 슈미트의 동일성이론과 위기정부론은 본의 아니게 나치정권의 국가주의적 통치방식, 즉 군국주의와 히틀러 독재에 이용당하는 어용이론이 되었다.

슈미트의 동일성이론Identitätstheorie과 위기정부론은 본의 아니게 나치정권의 국가주의적 직접민주정 통치방식, 즉 군국주의와 히틀러 독재에 이용당하는 어용이론이 되어버렸다. 민주주의의 중핵을 지배자와 피지배자 간의 동질성을 확인하는 찰나에 두는 슈미트의 갈채이론은 상징적으로 발코니의 '하이 히틀러'에게 갈채를 보내는 순간 민주주의가 성립한다는 민주주의 왜곡논리의 기초가 되었던 것이다.

슈미트는 국가가 자기보존을 위하여 예외적인 상태가 발생되는데 그 대응에 있어서 적합하지 않은 법질서는 정지시키는 것이 가능하다고 역설하고 있다. 즉 법질서를 정지시키더라도 국가가 멸망하는 것이 아니기 때문에 법치주의 및 입헌주의 입장에서 예외적 상태라고 볼 수 있는 법정지적 상황이 존재할 수 있다는 것이다.

이를 현실적으로 법학적 의미로 또 하나의 질서라고 보고, 예외상태Ausnahmezustand라고 명명하고 있다. 즉 현행 법질서에 규정되지 않은 것으로서, 기존의 법질서가 정지되고 공백인 상태를 예외상태라고 규정하였으며 이 역시 국가학 및 헌법학의 일반 개념으로 법학이 다뤄야 할 대상이라고 위기정부론을 주장하였다. 위기정부의 일상화, 예외상태의 보편화를 시도했다. 위험요소를 제거하기 위해 법을 정지시키는 것이 가능하다고 보았으며 그것은 일종의 긴급명령 또는 계엄선포로 실현되는 것을 의미한다. 슈미트의 정치이론과 예외상태는 5·16 군사쿠데타와 3선개헌 및 유신체제를 옹호하는 핵심이론으로 받아들여져, 권력형 어용이론으로서 원용·준용되었다.

쿠데타 명분·조작으로서, '예외'와 '비상'

5·16 군사쿠데타와 유신체제의 헌법적 정당화 이론을 제공한 한태연 교수는 5·16 '혁명정부'의 헌법적 기초를 설명하는 수단으로서 국가긴급권을 원용하였다. 자유의 적들의 공세로부터 자유민주적 기본질서를 방치한 5·16 직전 한국의 상황은 국가와 민족의 존립이 위태로운 일종의 예외상태이고, 이때는 기존의 법적 질서를 정지시키고 국가긴급권이라는 비상조치를 발생시킬 수 있다는 것이다. 즉 국가와

민족 문제에 있어서 그 존립의 문제가 되는 상황이 발생할 경우 그것을 구제하기 위한 그 어떠한 비상적 조치가 필요하다는 것이다.

더 나아가서 혁명이 성공하여 정권을 잡은 자들은 혁명권을 사용하여 국가긴급권을 행사할 수 있는 주체가 될 수 있다는 것이다. 5·16 군사쿠데타 이후 국가재건비상조치법의 헌법 대체와 위임적 독재를 당연시하는 근거로 삼고 있다. 실로 입헌민주주의의 핵심사항인 의회주의와 권력분립을 완전 폐기한 것으로서 대한민국 헌정에 있어서 헌법사적 존재가치가 전혀 없는 반역사적·반문명적·반민주주의적 어용 행태 및 이론에 불과하다. 그러나 화석처럼 굳어져버렸던 것으로 생각했던, 위기정부와 비상계엄의 어용 이론들이 12·3 내란사태에서 꿈틀거리고 되살아나고 있는 것을 보았다.

4 윤석열의 반국가세력론은 유신 때 한국적 민주주의론의 판박이다

박정희 정권의 헌정체제는 한국정치문화와 환경의 후진성을 강조하는 논리를 개발하여 '한국적 민주주의'라는 신조어를 만들어 냈다… 독재와 통제의 불가피성을 역설하는 우월자·혁명가의 열등의식 조장이다.

유신헌법은 국민의 기본권을 보호하기 위한 목적에서가 아니라 국가적 위기를 위장하여 국민의 기본권 희생 위에서 독재정권을 유지하기 위해 출발하였다.

윤석열은 12·3 내란사태 계엄포고령에서 '체제전복세력과 선량한 국민'을 열등자로 설정했다. 이는 독재적 통제와 지배를 위한 명분으로 열등의식을 조장한 것으로 '한국적 민주주의'라는 신조어를 만들어 낸 박정희 정권의 의도와 매우 유사하다. 5·16 쿠데타를 군사혁명으로 허위격상 시켰던 것 또한 독재와 통제의 불가피성을 역설하는 우월자·혁명가의 열등의식 조장이다.

국격 추락의 주범으로서 쿠데타

1995년 김영삼 정권 시기에 5·16 군사혁명이 5·16 군사쿠데타로 공식화됨으로써 한태연 박사류의 혁명정부 및 위기정부론은 동시에 폐기된 것으로 간주해도 된다. 김영삼의 문민정부 시기 과거사 청산이 진행되던 중 1995년 4·19 35주년이 되면서 4·19는 혁명으로 승격시키고 5·16은 군사정변, 즉 쿠데타로 정리하였다. 대법원 역시 2011년 국가보도연맹사건 피해자들의 국가배상 소송에서 5·16을 쿠데타로 규정하였다.

혁명은 국가기관과 상관없는 민중의 힘이 아래로부터 위로 작용하여 상위의 권력을 배제하는 것을 말하며, 쿠데타는 국가기관 내의 강력한 지도자 또는 정치세력에 의하여 힘이 위에서 아래로 작용하여 권력을 장악하는 것을 말한다. 혁명은 법이론상으로는 헌법제정권력까지도 변경시키는 근본적인 혁명의 의미를 포함하고 있고 쿠데타는 군부·경찰·관료 등 국가기관에 의한 헌정유린에 불과한 것이다. 5·16 군사쿠데타에 위기정부론과 국가긴급권을 동원하여 혁명권을 부여하는 것은 반국가 및 역사적 재앙을 초래한 학문적 패륜이다.

'5·16 군사쿠데타 → 3선개헌 → 유신의 영구집권'으로 진행된 권력집중의 단계적·제도적 고도화 과정에서 박정희 정권의 헌정체제는 한국정치문화와 환경의 후진성을 강조하는 논리를 개발하여 '한국적 민주주의'라는 신조어를 만들어 냈다.

서구사회와 달리 국가와 시민사회가 분리되지 못한 당시 한국의 경우 헌법은 국가사회 현재의 질서를 구체적으로 규범화하여야 하는데, 미래에의 이상을 추상적으로 낭만적으

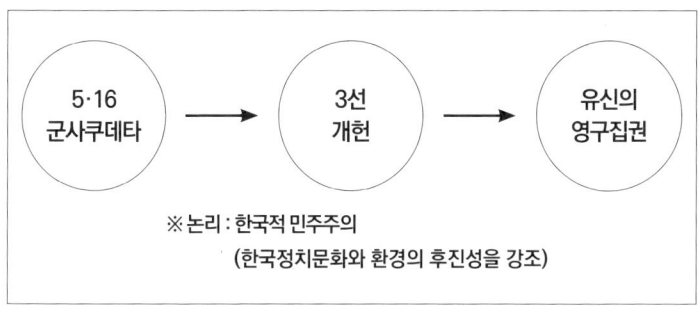

〈그림〉 박정희 정권의 헌정체제

로 규범화하고 있을 뿐이라고 일축했다. 후진국에서의 헌법은 국가와 국민의 발전을 위한 수단으로서 기능하도록 만들어야 된다고 역설하고 있다. 입헌적 독재의 존재가치를 노골적으로 웅변하였던 것이다. 한국사회를 후진국 담론에다가 냉전 및 대북 체제경쟁논리와 결부시켜 상시적 위기정부론을 구성하였다.

무모한 민주주의 위장과 가장

슈미트의 위기정부론이 민주주의 왜곡논리를 형성·유지시켜가기 위해 준용準用·원용援用되었다면, 프랑스 제5공화국 헌법의 비상대권 논의는 '한국적 민주주의'를 보편적 민주주의로 위장시켜 보려고 도용盜用·오용誤用되었다. 유신헌법은 여러 가지 평가와 비판아래 '영도적 대통령제', '변형된 대통령제', '전제적 혼합정부제', '권위주의적 대통령제' 등으로 불리우면서 비정상적 정부형태임이 반증되고 있다. 유신헌법의 정부형태는 굳이 대통령제로서 명명을 하자면 각종 수식어와 위기정부적 대통령제라고 할 수 있으나 그 본질에 있어서는 입헌적 독재제일 뿐이다.

  프랑스 제5공화국 헌법은 입헌성의 기초 위에서, 즉 진실로 프랑스 제5공화국의 헌법적 질서를 회복함으로써 국민의 기본권을 보장하기 위해 출발한 반면에, 유신헌법은 국민의 기본권을 보호하기 위한 목적에서가 아니라 국가적 위기를 위장하여 국민의 기본권 희생 위에서 독재정권을 유지하기 위해 출발하였다.

  한국과 프랑스는 헌법적 용어에서 유사성이 있을지는 모를지라도 헌법규범으로서의 궤도는 전혀 달랐다. 유신헌법의 대통령 긴급조치권은 외형적으로는 프랑스 제5공화국 헌법상 대통령의 긴급조치권의 모습으로 위장 및 가장하고 나타났지만 사실에 있어서는 대통령 1인만의 독재정권을 유지하기 위한 강제규범에 불과하였다. 이 당시 대한민국의 헌법은 뢰벤슈타인K. Löwenstein의 헌법존재론적 분류에 따르면 독재를 정당화하기 위한 장식적 헌법에 불과했다.

5 막장 드라마 같은 헌법정치
   : 헌법폐기와 대체

5·16 군사쿠데타 세력은 헌법폐기 및 대체를 집권의 도구로 사용하는 '헌법정치'를 본격화하였다.

국가재건최고회의는 '5·16 군사혁명 이념에 투철한 국군 현역 장교 중에서 전출된 20인 이상 30인 이내 최고위원으로서 조직된다'라고 천명함으로써 고려시대 무신정권 이후 20세기 민주헌정시대에 초유의 군사정권을 한국사에 출범시킨 것이었다.

5·16 군사쿠데타 이후 헌법폐기 및 대체를 서슴지 않은 박정희식 헌법정치는 막장 드라마 그 자체였다. 만약 윤석열의 12·3 내란사태가 어느 정도의 단계로 진입했다면, 똑같은 막장 드라마가 재현될 뻔 했다.

헌법폐기 및 대체와 군인신분의 정치참여

5·16 군사쿠데타 이후 헌법폐기 및 대체를 서슴지 않은 박정희식 헌법정치는 막장 드라마 그 자체였다. 만약 윤석열의 12·3 내란사태가 어느 정도의 단계로 진입했다면, 똑같은 막장 드라마가 재현될 뻔했다.

5·16 군사쿠데타 직후 제정된 「국가재건비상조치법」(이하 '비상조치법'이라 함)은 제2공화국 헌법의 실질적 폐기이자 대체였다. 5·16 군사쿠데타는 법이론상 대한민국헌법을 폐지하고 초헌법적인 비상조치법을 제정하였으며 이는 군사정권의 초법적 수단으로서 헌법적 성격을 가졌다.

1961년 6월 6일 제정된 전문4장 27개조의 비상조치법은 '… 공산주의 침략으로부터 대한민국을 수호하고 부패와 빈곤으로 인한 국가와 민족의 위기를 극복하고 진정한 민주공화국을 재건하기 위한 목적으로 …', 국가긴급사태를 극복하기 위해서 국가재건최고회의를 설치한다고 규정하고 있었다. 제2공화국이 국가 긴급사태에 놓여 있었는가를 쿠데타 성공 세력이 매우 주관적·자의적으로 입법목적에 설

국가재건최고회의는 '5·16 군사혁명 이념에 투철한 국군 현역 장교 중에서 전출된 20인 이상 30인 이내 최고위원으로서 조직된다'라고 천명함으로써 고려시대 무신정권 이후 20세기 민주헌정시대에 초유의 군사정권을 한국사에 출범시킨 것이었다. [연합뉴스 자료사진]

정한 것이다.

특히 비상조치법 제2조에서는 국회와 정부를 모두 폐기하고 정권담당자에게 3권을 통합한 대한민국 최고통치기관을 부여하고 있다. 대법원 판사도 최고회의의 제청으로 대통령이 임명하고 헌법재판소에 관한 규정은 그 효력을 정지시켜버렸다.

비상조치법은 '제2공화국 헌법의 규정은 이 법에 저촉되지 않는 범위 내에서만 그 효력을 갖는다'고 규정함으로써 실질적으로 제2공화국 헌법의 폐기를 선언하고 잠정적·과도적 헌법지위에 대한 국민의 동의를 구하는 어떠한 입헌적 절차와 조치 없이 감행한 것이다. 3권 통합통치 방식은 유신헌법에도 이어져 급기야 대법원이나 각급 법원은 위헌심사권을 헌법위원회라는 휴면기관에 맡겼으며 특히 헌법적 효력이 있는 긴급조치에 대한 사법적 통제기능은 불가능하였었다.

5·16 군사쿠데타 직후 자칭 군사혁명위원회에서 6개항의 혁명공약을 비상계엄 선포와 함께 선언하는데, 이후 군의 전형적인 정치참여는 고도의 정치구조 변경을 향하여 본

격화되었다. 5월 19일 군사혁명위원회의 명칭을 국가재건최고회의로 변경하고 비상조치법에서 '국가재건최고회의는 5·16 군사혁명 이념에 투철한 국군 현역 장교 중에서 전출된 20인 이상 30인 이내 최고위원으로서 조직된다'라고 천명함으로써 고려시대 무신정권 이후 20세기 민주헌정시대에 초유의 군사정권을 한국사에 출범시킨 것이었다. 입법·행정·사법 3권을 장악한 최고회의의 의장·부의장·7개 상임위원장 전원을 군인들로 배치하고, 어용군으로 각계 전문가들을 보좌전문위원에 보하여 군 친정체제를 구축하였다.

당시 5·16 군부의 정치참여에의 욕구가 강하고 집요한 것은 뜻밖의 민정불참 선언(헐리우드 액션)에 노골적으로 드러나고 있다. 혁명주체와 군인의 민정불참을 선언하는 성명에서도 혁명주체세력은 개인 의사에 따라 군에 복귀 또는 민정참여를 선택할 수 있도록 하였고, 유능한 예비역 군인을 국가 공로를 인정하여 가급적 우선적으로 기용한다는 것을 핵심내용으로 선언하였다.

헌법정치 : 헌법공백과 정치교체 및 대통령직 대행 근거

5·16 군사쿠데타 세력은 헌법을 집권의 도구로 사용하는 '헌법정치'를 본격화하였다. 그들은 제3공화국 헌법 성안을 위해 혁명공약 제5항(반공)과 제6항(민간이양)에 근거하여 1961년 8월 12일 국가재건최고회의 의장이 소위 '정권이양 시기에 관한 성명'을 발표하였다.

정권이양 시기에 관한 성명은 정권이양 시기를 1963년 여름으로 예정하면서 그 이유로서 1962년도에는 국가체제의 제반 개혁 및 육성단계를 완수하고 5개년 경제계획의 1차 시행단계를 착수하기 위한 기간으로 정하였다. 이 기간에는 혁명과업 수행에 둔화를 초래할 염려가 있는 일체의 정치활동이나 국민행사를 제한하였다. 정치활동 허용시기를 1963년 이후로 못박은 것이었다.

정권이양 시기에 관한 성명은 여기에 그치지 않고 정부형태는 대통령책임제, 국회는 100명 내지 120명의 단원제, 구정치인의 정계진출 불허 등의 내용까지 담고 있어서 그들의 강도 높은 정치개입 의지와 플랜을 확인할 수 있는 대목

〈표〉 대한민국 역대 비상계엄 선포 역사

대통령	비상계엄 선포일	내용(사건)
이승만	1948년 10월 21일 -1949년 2월 5일	여수·순천 10·19사건
	1948년 11월 17일 -12월 31일	제주 4·3사건
	1950년 7월 8일 -1952년 4월 7일	6·25 한국전쟁 발발 (6·25 전쟁 중 5차례 비상계엄)
	1952년 5월 25일 -7월 28일	부산정치파동
	1960년 4월 19일 -6월 7일	4·19 혁명
박정희	1961년 5월 16일 -12월 5일	5·16 군사쿠데타
	1964년 6월 3일 -7월 29일	6·3 항쟁
	1972년 10월 17일	10월 유신
	1972년 10월 18일 -10월 27일	부마민주항쟁
최규하	1979년 10월 26일 - 1981년 1월 24일	10·26 사태 (박정희 대통령 피살 후 비상계엄)
전두환	1979년 12월 12일	12.12 군사쿠데타
	1980년 5월 17일	5·17 군사쿠데타
윤석열	2024년 12월 3일 -12월 4일	12·3 비상계엄선포(밤 10시 28분) (12월 4일 오전 1시 3분 국회 비상계엄령 해제 요구결의안 가결)

이었다. 1962년에 들어서서 급기야 「정치활동정화법」이라는 것을 제정하자 이에 대한 반발로 윤보선 대통령은 사임하게 되고 결국 박정희 최고위 의장이 대통령의 권한을 대행하기 시작한다. 대통령직 대행의 근거가 헌법이 아닌 비상조치법의 개정으로 이루어진 것으로서 5·16 군사쿠데타 직후 입헌적 궤도를 가장 크게 이탈한 조치였다.

1962년 7월 11일 국가재건최고회의의 한 특별위원회로서 헌법심의위원회를 구성, 헌법 초안을 마련하기 시작하는데 '마련한 헌법을 제정이라 할 것인가, 개정이라 할 것인가'를 고민하면서 경과규정의 헌법절차 문제에 봉착하게 된다. 헌법심의위원회는 독일 나치시대 법만능주의에 심취되어 동년 10월 8일 비상조치법을 재개정하게 된다. 즉 국회가 없었기 때문에 「국민투표법」을 개정·공포하고 헌법정치의 일환으로서 자칭 헌법제정 절차와 준비를 막힘없이 진행하였다.

6 친위쿠데타는
   헌법을 방석처럼 깔아뭉갠다

인위적인 양대정당제와 국민 지지율과 거리가 먼 비례대표제를 통하여 강력한 여당 중심의 잘못된 의회정치 전통을 만들었다. 비례대표제의 악용은 여당 소속 국회의원들의 집권자에 대한 몰입과 종속의 정치행태를 가속화 및 심화시키는 원인이 되기도 하였다.

프랑스 제5공화국 헌법의 정당성을 빌어 유신헌법의 음모를 숨기고 정당성을 가장하기 위해 비롯한 것으로써 이는 헌법상 도용·오용·악용이다.

인위적 정치형성과 양당체제 : 괴상한 비례대표제

제3공화국 헌법이 공포(1962년 12월 26일)되기는 하였지만, 그 부칙에서 헌법에 의한 국회가 개최된 날로부터 효력을 발생하도록 되어 있었기 때문에 거의 1년 간 헌법의 효력은 발생되지 않고 비상조치법이 헌법을 대신하고 있었다. 쿠데타 세력의 자기정치 공간을 인위적으로 마련하기 위한 반헌법적 만행은 헌법시행 연기의 기도로 이어졌다.

1963년 1월 1일을 기해 구정치인들의 정치활동이 허용되고 2월 28일 혁명주체와 군인의 민정불참 성명을 발표한다. 재야에서는 박정희 최고회의 의장의 성명이 까다롭기는 하지만 민정불참의 전제가 있었기 때문에 전폭적인 찬동을 보내며 정국수습 선서식을 갖기도 하였다.

그러나 박정희 의장은 호시탐탐 제2공화국 정치를 들여다보면서 5·16 군사쿠데타를 꾀했듯이, 재야 정치인들의 차기 정권쟁탈과 정쟁을 주시하다가 갑작스럽게 '혁명의 염려가 없는 건전한 체질의 민정' 탄생을 위한다는 명분으로 4년 간의 군정연장을 내용으로 하는 소위 3·16성명을 선언해버린다. 인위적인 자기정치 형성의 노골화였다.

박정희 의장은 군정연장 성명에서 양당제도의 육성이라는 구체적인 정치구상을 천명하고 군정연장 보류카드로 미국과 국내정치에 있어서 연내 민정이양이라는 실질적 정치개입 시간을 확보한다. 그리고 군정연장 유보 성명에서는 10월 중순 대통령선거, 11월 하순 국회의원 총선거라는 치밀하게 준비된 정치일정을 제시한다.

제3공화국의 첫 번째인 제6대 국회의원 총선거가 1963년 11월 26일 전국 131개 지역구에서 실시되었다. 이 선거는 지역구에서 131명, 비례대표 원칙에 따라서 선출되는 전국구 의원 44명이 정당 의석수에 따라 배분되는 선거였다. 양대정당제도의 조기정착을 위하여 단기이양식 비례대표제와 명부식 비례대표제를 묘하게 섞어놓은 이상한 비례대표제였다.

제6대 국회의원 선거에 적용된 전국구 비례대표제는 지역구 선거에서 가장 많은 당선자를 낸 제1당에게 44석의 1/2 이상을 배분하고 제2당에게는 나머지 의석인 22석의 2/3인 14석을 특별히 배분하는 방식을 채택하였다. 야당은 지역구에서 후보단일화가 거의 불가능하기 때문에 각 지역 야당의 득표는 몽땅 사표화되어 버린다.

괴상한 비례대표제 방식은 인위적인 양대정당제를 실현시키고 이는 향후 국민 지지율과 거리가 먼 비례대표제로 전락하게 되며, 더 나아가 강력한 여당 중심의 잘못된 의회정치 전통을 초래한다. 비례대표제의 이러한 악용은 향후 여당 소속 국회의원들의 집권자에 대한 몰입과 종속의 정치 행태를 가속화 및 심화시키는 원인이 되기도 하였다.

친위쿠데타와 비상대권론 : 프랑스 비상대권과 비교

유신체제의 정부형태는 굳이 대통령제로 명명하자면 위기정부적 대통령제라고 할 수 있을지 모르나 그 본질에 있어서는 '입헌적 독재'와 다름없다. 유신헌법의 체제가 추구하는 목표는 공산주의로부터 자유민주주의를 지키고 국민의 기본권을 보호하기 위해서라기보다는 실제에 있어서 오직 박정희 한 개인의 장기집권을 위한 독재정치, 인격화된 권력구조의 장전章典에 불과하다. 프랑스 제5공화국 헌법상의 대통령 비상대권과 유신헌법의 유사성을 비교하면서 위기정부적 대통령제라고 정의 내리는 데에는 잘못된 비교헌법 원용 기법에 따른 결정적 오류가 있다.

프랑스 제5공화국 헌법 정부형태의 특징은 정부의 이원성 즉 행정부가 대통령과 국무총리로 이분되어 있다는 것이다. 유신헌법도 대통령과 국무총리라는 동일한 단어가 있지만 선출과정과 권한 발동 요건이 프랑스와는 천양지차이다. 프랑스 대통령은 평상시에는 외교와 국방에 관한 권한을 가지며 그 외의 권한은 국무총리에게 부여하고, 국가비상시에 한해서 모든 권한이 대통령에게 집중될 뿐이다. 이러한 정부의 이원성은 유신헌법에서는 찾을 수 없는 매우 이질적이고 프랑스 이원집정부제만이 가지는 민주적 특징이다.

누구도 믿지 못하는 독재장치들

유신헌법상 대통령은 입헌적 절대전제제의 절대군주와 같은 권한이 주어져 있어서 정부의 이원성은 상상할 수 없

10월 유신十月維新은 1972년 10월 17일, 대한민국 제3공화국 박정희 대통령의 국회 해산 및 정당·정치 활동 정지 등에 관한 특별 선언을 시작으로 제6차 헌법(일명 '3선 개헌')의 효력이 정지되고 제7차 헌법(일명 '유신 헌법') 개헌으로 대한민국 제4공화국, 즉 유신체제가 성립한 사건을 말한다. 이는 한국 현대사에서 가장 큰 규모의 헌정 중단 사태이자 친위 쿠데타로 꼽힌다.(출처_나무위키)

으며 입법부와 사법부에까지 막강한 영향력을 끼칠 수 있는 3권 통합권력자였다. 국회의원 정수 1/3의 추천권을 가지고 국회 해산권도 갖되 국정감사권이라는 의회의 견제권이 박탈된 헌법이었다. 유신헌법에서 대통령의 선출방법은 통일주체국민회의에 의한 간접선거였는데, 민주국가에서 행정수반·국가원수의 권한을 갖는 대통령을 국민이 직접 참여하거나 결정하지 않는 점은 대통령제에서는 전무후무한 사례였다.

유신헌법에서 박정희 1인 지배의 강력한 권력의지 관철을 위한 제도화는 국민과 권력구조에 대한 끊임없는 불신과 불안에서 비롯되고 있었다. 유신헌법의 모든 통치억압기제, 기본권에 대한 헌법적 법률유보, 3권 통합권자적 지위에도 불구하고 장식적 민주헌법에서 발생할 수 있는 최소한의 예외도 용납하지 않았다. 유신헌법 자체의 헌법적 효력을 정지시켜버리는 긴급조치권이 그것이다. 유신헌법상 대통령의 비상대권은 대통령 자신의 독자적인 판단에 따라서 어느 누구의 통제도 제한도 받지 않고 발동할 수 있는 반면 프랑스 제5공화국 헌법상 대통령의 비상대권은 국무총리·

양원 의장·헌법평의회 의장과 사전 상의를 마친 후에 발동이 가능하다는 점에서 전혀 판이하다.

　유신헌법의 대통령의 긴급조치권은 프랑스 제5공화국 헌법상의 대통령 비상대권의 모습으로 가장하여 나타났지만 기실 대통령 1인만의 독재정권을 유지하기 위한 것에 불과하였다. 프랑스 제5공화국 헌법의 정당성을 빌어 유신헌법의 음모를 숨기고 정당성을 가장하기 위해 비롯한 것으로써 이는 헌법상 도용·오용·악용이다. 유신헌법은 헌법질서와 국민의 기본권을 보호하기 위한 목적에서가 아니라 국가적 위기를 위장하여 헌법유린 및 국민의 기본권을 탄압하면서 독재정권을 유지하기 위한 목적에서 출발하였다고 볼 수밖에 없다.

7 박정희 북한카드, 윤석열을 유혹하고 있었다

박정희 정권은 정치공학적 차원에서 이율배반적인 안보카드와 통일카드를 번갈아가면서 활용하였다.

국가안전과 경제성장 이데올로기는 박정희 정권 유지의 양 축이었다.

박정희·김일성 1972년 독재체제 구축과 표리부동의 7·4 남북공동성명

1972년의 7·4 남북공동성명은 남북한 박정희와 김일성의 1인 장기집권 시대를 여는 정치적 축포에 불과하다. 느닷없는 남북공동성명의 통일카드는 남북 양측이 장기집권을 획책·공유하는 정치플랜을 상호보장하는 것이었다.

박정희 정권은 정치공학적 차원에서 이율배반적인 안보카드와 통일카드를 번갈아가면서 활용하였다. 1971년 12월 6일의 비상사태 선언과 1971년 12월 27일의 국가보위법 제정이 소위 안보카드라면, 남북적십자회담과 7·4 남북공동성명은 일응 통일카드다. 결론적으로 남쪽에서는 1972년 12월 27일 박정희의 유신헌법을, 북쪽에서는 김일성의 주체사상 헌법을 만들어냈다.

남북공동성명을 발표한 1972년의 남북관계는 교전단체交戰團體 간의 상호비방 및 대결의 시대였다. 갑작스러운 7·4 남북공동성명은 무력행사가 아닌 평화적인 방법으로 그것도 외세의존과 간섭을 배제한 자주적 해결방식으로 남북한이 서로의 사상과 이념 및 제도의 차이를 초월한 민족적 대단결 도모 등을 합의하였다. 이 합의서의 평화적 통일 합의는 남북 각각에게는 종래까지의 통일정책과는 판이한 것으로서 전혀 새로운 헌법과 큰 정치적 도모가 예정되어 있음을 암시하는 것이었다.

닉슨독트린에 따라 국제정치는 해빙무드로 미·중 화해, 중공의 UN 가입, 중·일과 북·일 접촉 등 국제적 화해 및 평화공존의 분위기가 무르익고 있었다. 이런 와중에 한국정부는 1971년 12월 6일에 아무런 법적근거도 없이 국가안전보장회의와 국무회의를 거쳐 특별담화 형식으로 국가비상사태를 선언하고 대통령에게 초헌법적인 국가긴급권의 행사를 가능케 하는 「국가보위에관한특별조치법」을 특별법 형태로 국회에 제출한다.

국가비상사태 선언의 이유인 존재하지 않는 긴급상황은 박정희 대통령의 상상적 비상사태로서 국가적으로 위기정부의 모형을 만들어 가고자, 수도권 방위비 증액·을지연습 개시·민방공 훈련 실시 등 국방국가화를 획책하였다. 국민적 공감이 결여된, 대통령에게 초헌법적 비상대권을 부여하는 절차가 현실화 및 일상화되자 체제와 헌법에 대한 국민적 저항이 형성·누적·축적되어가고 있었다.

반공이데올로기 내면화와 경제성장의 과잉 이데올로기

'안보와 경제성장'은 군사정권 정치권력의 집중과 비대화를 지탱해주는 명분이었다. 이는 군사쿠데타의 동기이자 기존의 국가기능 및 법질서를 정지시키는 자칭 혁명공약사항으로 출발하였으며, 5·16 군사쿠데타·3선개헌·유신쿠데타까지 위기정부의 존재조건·존재상황·존재가치였다.

이에 안보와 경제성장은 실질적으로 헌법 상위개념으로 존재했고 긴급조치·비상대권 형식으로 초헌법적 힘을 발휘했다. 일종의 국가지배이데올로기였지만 위헌적 헌법정치에 불과할 뿐이다.

한국전쟁과 분단고착화를 통해 내면화된 반공이데올로기는 군사쿠데타 정권 유지 수단의 핵심이었다. 자칭 혁명공약 제1의 공약사항으로 천명하였으며 「반공법」 제정과 중앙정보부 설치로 구체화했다. 더 나아가 남북한의 대립을 경제적 경쟁관계로 전환시켜 체제대결에서 승리하기 위한 경제적 효율성을 강조하였고 그것은 쿠데타와 정권유지 정당성의 중핵이었다. 1960년대 박정희 정권 통치정당성의 근거를 마련해준 반공이데올로기와 경제성장 및 개발론은 정치와 경제라는 별개의 것이 아니라 박정희 정권 유지의 실체이자 동전의 양면과 같았다.

그러나 1960년대 말·70년대 초 닉슨독트린으로 시작된 냉전구조 해체로 박정희 정권은 일대 변화와 위기에 봉착한다. 반공이데올로기를 정권유지의 정당성으로 삼았던 박정희 군사정권에게는 냉전구조의 해체 조짐은 심각한 위기였다. 박정희 정권의 안보이데올로기를 비판하며 학생들의 교련반대운동, 「국가보안법」·「반공법」 철폐운동 그리고 야당 정치인 김대중의 4대 국가안전보장안 등의 안보이데올로기에의 도전은 박정희 정권에게는 정치적 반대세력을 탄압했던 명분의 뿌리를 뒤흔드는 것이었다.

국가안전과 경제성장 이데올로기는 박정희 정권 유지의 양 축이었다. 박정희 정권의 안보이데올로기가 도전을 받듯이 고도의 경제성장 전략에도 개발독재 부작용이 나타났다. 수출주도형 산업화 정책, 저임금·저곡가 정책 등이 정경유착 또는 정치적 과잉 개입 없이는 유지되기 힘든 상황에 직면하게 된 것이다.

특히 8·3조치「경제의 안정과 성장에 관한 긴급명령」(임금동결)은 실패한 경제정책에 대한 대표적인 잘못된 대응이었다. 8·3조치의 핵심내용은 사채동결이었는데 실질적으로 사채 이용도가 높은 중소기업에게는 자금경색 현상과 함께 도산사태가 속출할 수밖에 없었다.

개발독재의 연속선상에서 취해진 8·3조치는 재벌급 기업에게는 엄청난 특혜를 공여한 반면에 소자본가와 중산층에는 치명적이었으며 근로자들은 임금동결조치의 희생양으로 전락하고 말았다. '공공필요에 의한 재산권 수용·사용 또는 제한은 법률로써 하되 정당한 보상을 지급하여야 한다'는 헌법규정의 위반일 뿐만 아니라 부실기업의 책임을 묻지 않고 책임 대신 특혜를 주고 근로자들의 재산권을 침해한 것이었다. 헌법 형평성의 원칙에 크게 어긋난 반헌법적 개발독재를 긴급명령으로서 연명하면서 헌법규범을 무력화시켜 버렸다.

8 박정희·전두환·윤석열은 국가권력을 이용해 민주법치국가 원칙을 파괴했다

1972년의 정권변화는 국가적·사회적 위기에 대한 응답이라기보다는 정권 담당자의 자의적인 상상적 비상사태와 결합된 권력의지와 반국가적 행동에 의하여 일어난 것이었다. 당시 헌법상 대통령에게 국회해산권이 없었으므로 "변화된 현실에 적응할 개혁"이 필요하다는 기상천외한 이유로 계엄령을 선포한 것이었다.

박정희 정권의 헌정체제의 나쁜 유산은 제5공화국 전두환 정권에 그대로 상속되었는데 민주주의를 뒤흔드는 가식적 논리와 허상을 지금도 12·3 비상계엄·내란사태에서 고스란히 보고 있다.

통치수단을 공급하는 헌법

1972년 10월 17일 박정희 대통령은 당시 헌법과 국가질서는 냉전체제에서 만들어졌으며 남북대화를 예상하지 못한 시기에 제정된 것이기 때문에 변화된 현실에 적응하는 개혁이 필요하다는 기상천외한 이유로 계엄령을 선포하고 국회를 해산하였다.

그러나 당시 헌법상 대통령에게 국회해산권이 없었으므로 이는 5·16 군사쿠데타에 이은 두 번째 헌정중단, 친위쿠데타였다. 이 지점에서 12·3 내란사태를 준비한 비상계엄령도 친위쿠데타를 동력으로 헌정 파괴를 겨냥하고 있었다고 확신한다.

한마디로 1972년의 정권변화는 국가적·사회적 위기에 대한 응답이라기보다는 정권 담당자의 자의적인 상상적 비상사태와 결합된 권력의지와 반국가적 행동에 의하여 일어난 것이었다. 박정희의 상상적 비상사태의 정치명분은 계속된 권력의지 발동 요건으로 5·16 군사쿠데타, 유신체제, 12·12 신군부쿠데타와 5공으로까지 지속되었다.

전두환의 5·17 쿠데타는 1980년 5월 17일에 전두환, 노태우를 비롯한 신군부 인사가 정권 장악을 위해 주도한 비상계엄 확대조치에 의해 발생한 사건이다. 5·18 광주민주화운동은 1980년 5월 18일부터 5월 27일까지 전두환 신군부에 의한 불법적 헌정질서의 파괴 범죄와 부당한 공권력에 시민들이 저항한 운동이다. 군인들에 의해 많은 광주시민들이 희생당했다. 또한 박정희 정권 헌정체제의 나쁜 유산은 제5공화국 전두환 정권에 그대로 상속되었다. 사진은 1980년 5월 18일 광주. [연합뉴스 자료사진]

유신헌법은 위헌적 절차에 의해 헌법이 바뀐 것이므로 개정이라기보다는 정변 또는 친위쿠데타에 의한 새 헌법의 제정일 뿐이다. 유신헌법을 입안한 당사자들이 헌법개정으로 불리기를 원하여 헌법전문에 국민투표에 의해서 개정한다고 표현했다 할지라도 헌법개정의 정당성을 획득할 수는 없다. 입헌민주주의 국가에서 헌법제정권력자는 국민 외에는 존재할 수 없기 때문에 유신헌법의 새로운 제정은 위헌적 헌법정치의 행태로 볼 수밖에 없다.

유신헌법을 만들기 위한 「비상국무회의법」은 비상국무회의를 대통령·국무총리·국무위원으로 구성하고 대통령이 의장, 국무총리가 부의장이 되는 위헌적 장치를 만들었다. 모든 의안은 대통령과 국무총리가 제출하였으며 「국민투표에관한특별법」, 「선거관리위원회에관한특별법」을 의결·공포하여 유신헌법이라는 새로운 제정을 위한 법만능주의 헌법정치가 동원되었다. 히틀러의 권력장악 과정과 크게 다를 바 없었다.

불가능한 정권교체와 법치의 파괴

유신헌법은 국가권력을 통한 민주법치국가 원칙의 파괴라는 점에서 반헌법적이고 민주주의가 완전 실종된 시대 퇴행적인 헌법이었다. 민주주의의 핵심사항은 국민이 실질적 주권자 지위를 갖도록 국가질서와 정부형태를 어떻게 민주적으로 구성하느냐에 있다. 다수결의 원리가 적용되고 소수자가 언젠가 다수자가 될 수 있다는 가능성이 현실적으로 존재해야만 소수가 다수의 결정에 승복, 국민과 야당이 여당과 집권자를 따르는 것이다.

법치국가의 원칙이란 국가권력을 헌법과 법에 구속시킴으로써 국가권력 행사를 예측하고 통제하는 것을 철칙으로 하는 헌법상 기본원칙이다. 법치주의가 권력 담당자의 자의적 권력행사를 막고 국민의 기본권을 보호하기 위한 것이라면, 법치주의의 실현을 위한 가장 중요한 전제는 권력의 민주화, 권력분립의 원칙이다.

국민주권·국민의 기본권보장·실질적 법치주의 등 기본적인 것이 전혀 보장되어 있지 않은 것이 유신헌법이었다.

12·12 쿠데타 일으킨 신군부. 사진은 1979년 12·12 쿠데타 이후 서울 보안사령부에서 기념촬영하는 신군부 세력. 앞줄 왼쪽에서 다섯 번째가 전두환 전 대통령, 네 번째가 노태우 전 대통령. [연합뉴스 자료사진]

1인 장기집권의 도구로 전락하고만 유신헌법은 스스로 명목적이고 장식적인 헌법이기조차도 포기하고 적나라하고 공공연하게 박정희의 집권연장을 위한 역할을 맡고 있었다.

박정희 정권 헌정체제의 나쁜 유산은 제5공화국 전두환 정권에 그대로 상속되었는데 미국식의 선거인단 electoral college과 명칭이 같다고 해서 미국 대통령선거 제도와 동일시해버리는 전두환 제5공화국의 대통령 간선제 역설은 프랑스 제5공화국의 헌법과 비견하려는 유신헌법의 제도적 도용의 악습을 그대로 답습한 꼴이었다. 민주주의를 뒤흔드는 가식적 논리와 허상은 지금도 12·3 비상계엄·내란사태에서 고스란히 보고 있다.

9 박정희 헌정유산①
   : 이승만 정권 헌법적 흠결의 계승·확대

분단과 통일문제는 한국헌정에서 국민적 합의영역에서 일탈하여 갈등과 분열의 주범이 되어 버렸다.

제헌헌법 제정 당시 경건한 민주주의 논쟁과 결정이 권력담당 예정자 1인의 권력의지에 함몰되는 정부수립 당시의 헌정 장면이 5·16 군사쿠데타 세력에게 전이되었다.

제헌헌법은 헌법을 기초하는 자(내각제 주장)와 정치적 헤게모니를 장악한 자(대통령제 고집) 간의 야합으로 탄생되었기에 매우 기형적인 정부형태를 갖게 되었다. 한마디로 속은 내각제이고 겉은 대통령제였던 것이다.

제헌헌법 국가통치원리의 무규정과 반공주의의 확산

1948년 7월 17일 제정 공포된 대한민국헌법은 민주주의의 세계사적 흐름에 동참하고 인류사의 보편적 가치를 실현시키기 위한 국가적 선언이었다는 점에서 누구도 부인할 수 없는 역사성을 갖는다. 그럼에도 불구하고 이 제헌헌법의 탄생에 대한민국헌법사 파행의 원죄를 씌우는 가장 큰 이유는 헌법의 제일차적 규범인 국가통치원리 내지 규범으로서의 임무를 외면했기 때문이다.

무엇보다 대한민국헌법 제정 당시 가장 중요하고 예민한 국토분단과 통일에 대한 언급과 배려가 전혀 없었다는 점이다. 비슷한 시기 같은 분단국으로서 독일의 본$_{Bonn}$ 기본법이 헌법이라는 명칭을 채택하지 않은 이유가 타인에 의한 분단을 극복하고자 하는 제헌의원들의 결의였다는 점과 비교할 때, 국토분단을 외면한 대한민국헌법 제정 태도에는 국가통치규범으로서의 정치적 결단이 결여된 측면이 강하다.

이후 분단과 통일문제는 한국헌정에서 국민적 합의영역에서 일탈하여 갈등과 분열의 주범이 되어 버렸다. 제2공화국에서 활발하고 다양한 통일논의가 정치적 이데올로기의 범람으로 간주되어 버리고 5·16 군사쿠데타 이후 반공국가 표방은 국방국가 강화에 그치는 것이 아니라 집권 이데올로기로 전환하면서 영구집권의 유신체제로 가는 촉매제이자 버팀목의 역할을 하였다. 이는 최고규범인 헌법이 국가통치규범의 임무를 저버린 결과로서 사필귀정事必歸正인 셈이다.

인위적 통치안 구상과 권력구조의 왜곡

헌법상 권력구조와 관련한 정부형태의 결정에 있어서 제헌헌법은 비민주적 결정과정을 거치면서 왜곡된 통치규범이 되어 버렸다. 제헌헌법은 헌법을 기초하는 자(내각제 주장)와 정치적 헤게모니를 장악한 자(대통령제 고집) 간의 야합으로 탄생되었기에 매우 기형적인 정부형태를 갖게 되었다. 한마디로 속은 내각제이고 겉은 대통령제였던 것이다.

내각제와 대통령제는 그 나라의 정치문화와 민주적 전통에 따라 달리 채택되는 것임에도 불구하고 각기 다른 정부형태가 이데올로기적 성찰과 고민도 없이 동시에 헌법전에 규정됨으로써 정부형태의 민주적 가치와 규범력을 첫 출발부터 크게 훼손하였다. 헌법상 권력구조의 민주적 정착이 여전히 불안정한 것도 여기서 기인하며, 그동안 한국헌정사에서 위정자들에게 대통령제·내각제·유사이원집정제 등 온갖 다양한 통치메뉴를 제공하는 계기가 되었다.

제헌국회 헌법기초위원회의 원안이었던 '유진오안'과 또 다른 '헌정연구회안'은 애당초 내각제 안이었던 점에서 동일하였으며, 두 안 모두 양원제 국회를 설정하였으나 헌법기초위원회의 논의과정에서 단원제로 결론이 났다. 두 안이 처음부터 내각제를 선택하게 된 가장 큰 배경에는 두 안의 기안자들이 미국식의 대통령제에 대한 이해도가 부족하고, 일본과 독일헌법학의 전통에 익숙한 연구경력과 더불어 통치규범과 민주주의에 대한 당시의 논쟁이 약했던 탓도 있었다.

이승만 박사는 대한민국 단독정부 수립이라는 정치적 헤게모니를 장악하고 있었다. 당시 미국 국방성(안보)과 국무성(외교)은 대한민국 처리문제에 있어서 정면충돌의 상황이

이승만은 대한민국 단독정부 수립이라는 헤게모니를 장악하고 초대 대통령이 되었으나, 임기 말 1960년 4월 19일 대한민국의 학생과 시민들은 이승만 정부의 부정부패·독재·부정선거에 대항했다. 사진은 1960년 3·15 부정선거 당시 투표함이 개표소에 도착하는 모습. [연합뉴스 자료사진]

었으나 미국에서 활동했던 이승만 박사는 두 부서 책임자를 번갈아 만나면서 급기야 1947년 1월 정읍에서 반공국가를 전제로 한 대한민국 단독정부 수립이라는 정치선언을 하게 된다. 미국에서의 독립운동 경력은 자연스럽게 미국의 대통령제에 대한 미련과 집착을 갖게 하였다. 내각제를 염두에 둔 한국민주당韓國民主黨마저도 이승만 박사(독립촉성국민회)와 함께 국회에서 대통령을 간선으로 뽑는 묘한 대통령제를 결정하였다.

물론 제헌국회의 토론과정에서 특정인 대통령 추대문제, 대통령의 선거방법, 권력의 독재화를 우려하는 목소리가 적지 않았으나 애초 내각제 안을 제시한 유진오 전문위원이 '건국초기 정부의 안정성, 정치의 강력성 도모'의 필요성을 역설하면서 대통령제 채택으로 선회하자 제헌헌법 제정 당시 민주적 토론과 논쟁은 정지하고 말았다. 제헌헌법은 그 역사적 의의와 달리 크게 왜곡된 국가통치규범으로 헌정사적 가치를 스스로 훼손하였다.

제헌헌법 제정 당시 경건한 민주주의 논쟁과 결정이 권력 담당 예정자 1인의 권력의지에 함몰되는 정부수립 당시의 헌정 장면이 5·16 군사쿠데타 세력에게 전이되었다. 즉 민주주의 시스템·정부형태 선택이 권력 소유 내지 점유를 기준으로 하는 수준으로 격하되어 권력구조상 민주주의 원칙들이 철저히 망가졌다. 조국근대화·남북통일·산업화·새마을운동 등 명분만 가져다대면 어떠한 상상의 인위적 위기정부를 만들 수 있다는 헌정역사를 반복시켰는데, 그 절정이 유신헌법과 제5공화국이었다. 미실현된 윤석열의 12·3 내란사태도 이러한 것을 상정하고 있었을 것이다.

10 박정희 헌정유산 ②
: 5·16 군사쿠데타와 권력구조의 '갑작스런 변경'

5·16 군사쿠데타 이후 대통령제로의 갑작스런 권력구조 변경은 이승만 자유당 정권의 독재과정을 답습·확대시켰다는 점에서 아주 나쁜 반헌법적 유산을 남겼다.

최종적으로 영구집권을 기획·실천한 유신헌법으로 박정희는 3선 개헌에 그친 이승만 초대 대통령의 반헌법성을 훨씬 능가한다 하겠다.

제2공화국 권력구조인 내각제에서 대통령제로의 '갑작스런 변경'은 헌정사적으로 정부형태의 민주주의 논쟁에 최악의 유산을 남겼다.

권력자를 위한, 권력자에 의한 헌법개정

5·16 군사쿠데타에 따른 제3공화국 대통령제 헌법 채택은 엄밀하게 헌법개정절차도 아니고 헌법제정권력자인 국민에 의한 개정도 아닌 반헌법적·비법적非法的 결과에 불과하다. 동시에 제2공화국 권력구조인 내각제에서 대통령제로의 '갑작스런 변경'은 헌정사적으로 정부형태의 민주주의 논쟁에 최악의 유산을 남겼다.

대한민국헌법에는 '헌법제정권력'에 의한 헌법제정과 '헌법개정권력'에 의한 헌법개정이 없었다고 하여도 과언이 아니다. 헌법제정권력과 개정권력은 규범의 시원성始原性을 띠기 때문에 절차적·실체적 원칙에 있어서 엄격하여야 함에도 불구하고 대한민국헌법사는 제헌헌법부터 기계적으로 제1·2·3·4·5·6·7·8·9차 개정헌법으로 명명하여 왔다.

예를 들어, 실체적 내용의 위헌성은 차치하고 절차적으로 확실히 부결된 소위 사사오입四死五入 개헌을 제2차 개정 헌법으로 명명한 것이 대표적이다. 이와 유사하게 친위쿠데타에 의한 유신헌법을 제4공화국 헌법으로 명명하였던 것

〈표〉 집권용 개헌

연도	제정, 개헌	주요내용
1948년	헌법제정	대통령 국회간선제
1952년	1차 개헌	대통령 직선제, 양원제
1954년	2차 개헌	대통령 3선 연임 제한 폐지
1960년	3차 개헌	의원내각제 도입
1960년	4차 개헌	부칙개정으로 혁명재판소 설치
1962년	5차 개헌	대통령제(임기 4년), 소선거구제
1969년	6차 개헌	대통령 3선 연임 허용
1972년	7차 개헌	비상계엄, 대통령 6년 임기(통일주체국민회의에서 선출)
1980년	8차 개헌	대통령 7년 단임제(선거인단 간선제)
1987년	9차 개헌	대통령 직선제 도입(5년 단임제)

※ 3·4·9차 개헌은 장기집권용 개헌이 아님

도 반헌법 및 위헌적인 제5공화국 헌법의 명명에 따른 소급적 통칭에 불과한 것이다.

제헌헌법부터 전혀 다른 민주주의 이념에 바탕을 둔 내각제와 대통령제를 동시에 규정하면서 한국헌법은 처음부터 권력구조와 정부형태의 이데올로기적 가치를 가볍게 여기는 헌정사적 전통을 갖게 되었다. 각기 다른 정부형태를 민주주의적 성찰과 고민도 없이 정치적 헤게모니 장악 의도와 정치야합에 의해 받아들인 것이다. 권력구조라는 헌법상 제1차적 규범적 가치가 위정자의 취향에 따라 취사선택의 대상이 되어버렸고, 이후 한국헌정사는 대통령제와 내각제의 윤번제적 선택과 논쟁으로 점철되었다.

개헌절차 일탈한 '갑작스런 변경'

한국헌법사는 권력구조부문의 헌법개정시 헌법적 근거에 대한 인식, 즉 헌법제정권력에 의해 창조된 헌법이 모든 국가권력의 원천이라는 기본적 관념이 뿌리내리지 못한 역사였다. 민주적 정부형태 결정시 국민주권이 제정 또는 개정의 근거임을 충분히 배려하지 못한 한국헌법사는 헌법제정권력 및 헌법개정의 역사적 전개와 이론적 확립과정에 맞춰 그 궤도를 정상적으로 수정할 필요가 있다.

그 전제 하에 한국 정치문화와 정당정치 수준이 내각제 같은 협의제민주주의를 할 수 있느냐, 승복민주주의, 즉 대통령제와 같은 다수제민주주의를 유지하느냐 등에 대한 토론을 해야 한다. 더 나아가 정치적 관점이 최소한의 민주주의냐, 불평등과 갈등을 해소하는 사회적·경제적 민주주의 원리 논쟁까지 할 수 있어야 하는데 언감생심이다.

5·16 군사쿠데타의 대통령제로의 갑작스런 권력구조 변경은 이승만 자유당 정권의 독재과정을 답습·확대시켰다는 점에서 아주 나쁜 반헌법적 유산을 남겼다. 대한민국헌법사의 가장 큰 문제는 제헌과 개헌과정에서부터 국가의 통치원리를 '왜곡·변질'시키고, '갑작스런 변경'을 하였다는 데 있다. 헌법제정 당시 내각제 제헌안으로 준비된 헌법 기초안에 이승만 대통령의 대통령제의 강제적 권유가 가미되면서 국회간선제의 대통령제가 탄생되고, 그 후 재집권을 위해 국민직선제로 바꾸는 것이 제헌과 개헌의 왜곡·변질과

정의 대표적 예이다.

또한 제1·2·3공화국 개헌과정에서 대통령제→내각제→대통령제로의 변화가 '갑작스런 변경'의 전형이기도 하다. 이승만 초대대통령의 대통령제의 강제적 권유와 5·16 군사쿠데타 주역 박정희 장군 중심의 권력구조로서 대통령제 도입은 정치적 동기에 있어서 그 맥을 같이하고 있다. 최종적으로 영구집권을 기획·실천한 유신헌법으로 박정희는 3선 개헌에 그친 이승만 초대 대통령의 반헌법성을 훨씬 능가한다고 하겠다.

11 박정희 헌정유산 ③
   : 한국헌법사에서 반입헌주의의 심화

무소속을 고집했던 이승만 대통령은 제1차 개헌 후 자유당을 창당하였는데, 이는 한국정당사에 정당의 권력창출權力創出기능이 아닌 권력피조權力被造기능 내지 종속적 전통을 낳았다.

제3공화국의 등장은 군사쿠데타였다는 점에서 처음부터 위헌이었으며, 제6차 개헌은 장기집권을 위한 3선금지조항 폐지, 제7차 개헌은 소위 '유신헌법'으로 불리우는 영구집권을 위한 반입헌주의적 개헌이었다.

최근 국회 선출 몫인 헌법재판관 3인 임명과정에서 대통령(권한대행 포함)의 형식적인 임명행위가 헌법재판소 구성과 탄핵절차에 있어서 '알박기'를 하고 있는 것이 바로 그 사례다.

국민의 삶과 무관한 집권용 개헌

헌법은 기본적으로 국민주권·기본권보장·권력분립·법치주의 원리를 보장하고 있을 때 입헌민주주의 constitutional democracy에 입각한 헌법으로 간주할 수 있다. 한국헌법사는 입헌주의에 반하는 역사를 반복하였으며, 5·16 군사쿠데타와 유신 친위쿠데타는 그 현상을 더욱 심화시켰다.

제1공화국에서의 두 번에 걸친 헌법개정은 헌법개정의 절차적·실체적 원칙을 위반하였다. 제1차 개헌은 6·25 한국전쟁 중 계엄령선포하에 1952년 7월 4일 밤 국회토론 없이 대통령직선제와 참의원 설치를 골자로 하는 개헌이었다. 전쟁 중에 국민직선제로 개헌한 이유는 한마디로 야당 내지 무소속으로 채워진 국회에서 간선제로는 당선될 자신이 없는 이승만 대통령의 반입헌주의적 감행이었다. 무소속을 고집했던 이승만 대통령은 제1차 개헌 후 자유당을 창당하였는데, 이는 한국정당사에 정당의 권력창출權力創出 기능이 아닌 권력피조權力被造 기능 내지 종속적 전통을 낳았다.

제2차 개헌(1954. 11. 27)은 소위 4사5입 개헌으로서 부결

〈표〉 권력구조와 정부 형태의 변천

차수	특징	비고
제1공화국 대통령제	• 간선제에서 직선제 개헌 • 중임 제한 폐지	• 국회의 간접 선출제(1948~1952) • 정·부통령제 • 사사오입 개헌 이후 초대 대통령의 영구집권이 가능한 독재체제 • 4·19 혁명으로 붕괴
제2공화국 의원내각제	• 양원제 채택 • 국무총리 실권 장악	• 4·19 혁명(1960)으로 수립된 민주공화국, 5·16군사쿠데타(1961)로 붕괴 • 국회는 상원(참의원)·하원(민의원) 구분 • 국회의원에 의한 대통령 간선제
제3공화국 대통령제	• 4년 중임 • 대통령 직선제	• 의원내각제와 부통령제 폐지 • 양원제 국회를 단원제로 환원 • 대통령 직선제(1963~1971)
제4공화국 대통령제	• 간선제(임기 6년, 중임 제한 폐지)	• 박정희의 영구 집권을 위한 유신헌법 • 통일주체국민회의에 의한 대통령 간선제
제5공화국 대통령제	• 7년 단임 • 간선제	• 대통령선거인단에 의한 대통령 간접 선출 • 전두환 등 신군부 독재정권(1981~1988)
제6공화국 대통령제	• 5년 단임 • 직선제	• 6월 민주항쟁 • 대통령 직선제(1987 이후)

된 헌법을 한국헌법개정사에 올려놓은 반입헌주의적 개헌이었다. 개헌내용도 대통령의 3선 연임을 금지한 헌법조항을 철폐하는 것으로써, 3선 연임 금지조항은 이승만 대통령이 미국대통령제의 도입을 주장하면서 독재의 마지노선으로 강변한 핵심적 사항이었다. 미국 제헌헌법에는 3선 당선 금지조항이 없었으나, 초대 대통령인 조지 워싱턴George Washington이 연임 후 퇴임하면서 전통이 되었고, 4선 연임의 제32대 미국대통령 루스벨트Franklin D. Roosevelt 이후 중임으로 제한되었다.

제3공화국의 등장은 군사쿠데타였다는 점에서 처음부터 위헌이었으며, 제6차 개헌은 장기집권을 위한 3선 금지조항 폐지, 제7차 개헌은 소위 '유신헌법'으로 불리우는 영구집권을 위한 반입헌주의적 개헌이었다. 제7차 개헌헌법은 입헌주의의 기본적인 내용을 철저히 파괴하였는데 권력분립장치가 결여된 상태에서 대통령 직선제를 폐지하여 국민주권을 박탈시켰고, 개별적·일반적 법률유보조항을 두어 모든 기본권을 제한의 대상에 포함시켰으며, 임명직 국회의원 신설·각 헌법기관의 지위격하를 통하여 권력분립을 실종시켰고, 긴급조치권을 발동하면서 법치주의를 파괴하였다.

이러한 반입헌주의적 개헌은 제8차 개헌 제5공화국 헌법에도 대부분 이어졌다. 박정희 정권의 반헌법적 헌정유산이 당대에서 그치는 것이 아니라 지속적으로 한국헌정사에 남아있는 것이다. 주권의 소재가 국민에게 속해 있는지조차 불분명한 시기가 상당기간 지속되면서 20세기 한국헌법사에 마치 19세기 후반의 외견적 입헌군주제를 기초 지운 법실증주의와 국가법인설이 부활한 듯하였다. 최악의 헌정사로 점철된 박정희 헌법체제의 극복은 향후 대한민국 제1의 중점적인 민주주의의 과제라 할 것이다.

반헌법적 헌정유산의 청산

박정희 정권의 반헌법적 헌정유산에 대한 연구는 왜곡된 한국헌정사에 대한 회고적 조사연구로도 큰 의미가 있다. 그러나 6·10 항쟁 소위 민주화 이후 여·야 합의에 의하여 만들어졌다는 현행헌법에 그 잔영이 잔뜩 남아있다는 점에서 향후 제10차 개헌에서는 이를 극복해야 하는 헌정과제로 안고 있다. 행정부와 의회 관계의 불비례성과 대통령 권한의 조정 문제, 사법기관의 정치적 중립성 등은 대통령에게 권력을 집중시키는 지나친 위임적 민주주의, 즉 박정희 시대 반민주성의 잔영이다.

위임적 민주주의란 대통령에게 권한이 지나치게 위임되어 입법부와 사법부의 의사결정에 그 영향력을 크게 발휘하는 것을 비판하는 개념이다. 최근 국회 선출 몫인 헌법재판관 3인 임명과정에서 대통령(권한대행 포함)의 형식적인 임명행위가 헌법재판소 구성과 탄핵절차에 있어서 '알박기' 하고 있는 것이 바로 그 사례다.

특히 지방자치에 관한 현행헌법의 규정은 지방자치를 실질적으로 폐기한 유신헌법과 제4공화국 헌법규정을 그대로 답습하고 있다. 지방분권의 개념이 전혀 존재하지 않고 있는 현행헌법은 글로벌 차원의 민주주의에서 볼 때 낙제점이다. 대한민국 헌정체제에서 박정희 연구의 최종목적을 보편적인 민주헌법을 확보하는 것으로 할 때, 회고적 조사연구를 넘어선 미래비전의 연구가치를 갖는다.

한국민주헌정사에서 박정희 프로젝트의 중요성은 2024년 12월 3일 밤 현장감 있게 확인되었다. 강건한 국민이 있는 한 독재와 독선의 대통령쯤은 충분히 이겨낼 수 있다고 본다. 문제는 뒤따르는 천문학적인 위기관리비용과 사회갈등 및 국가신인도 추락을 감안할 때, 민주주의를 지켜내는 것 못지않게 먹고사는 문제와 직결되기 때문에 상습적인 반란행위를 허용하고 있는 현행헌법과 부수제도들을 확실히 매듭지을 때가 되었다.

| 2부 |

K-민주주의와 개헌

1961-05-16

Constitutionalism

Democracy

Participation

1948-7-17

Influence

Control

2024-12-03

CONSTITUTION & REBELLION

1 상해 임시정부의 법통과 대한민국헌법

일본은 36년의 식민통치를 했는데 제2차 세계대전 당시 미국을 비롯한 연합군에 져서 … 한반도에서 퇴각했고, 미군정 하에서 한반도에는 3년 후 대한민국이라는 신생국이 건국되었다고 한일현대사를 회고하는 것이 건국설의 치명적 오류이고, 일제식민사관의 실체다.

'건국설'은 대한민국의 보수·진보 간의 남남갈등 문제를 대한민국 정부수립으로까지 끌고 가려는 태도로서, 남남갈등의 역사적 뿌리를 한국현대사에 임플란트하려는 것이다.

1948년 8월 15일은 근본적으로 일본과의 관계에서부터 그 경계를 찾아야지 대한민국에서 우리끼리 다툴 경계선은 아니다.

1948년 8월 15일의 대한민국 정부수립을 정확히 이해하고 공감할 때 한국정치의 소모적인 논쟁과 저주의 정치에 종지부를 찍는다고 본다. 그런데 2015년 8·15 경축사에서 박근혜 대통령이 2015년 8월 15일을 '… 광복 70주년이자 건국 67주년 …'이라고 규정하였다. 당시 "정확한 시비를 걸자면 엄청난 실수였거나 바람직하지 못한 역사관과 그 인식에 근거한 소신발언일 수 있다. 실수였으면 좋겠다"고 소회한 바 있다.

1948년 8월 15일을 대한민국 건국절로 삼자는 주장에는 대한민국헌법을 스스로 부정하는 모순에 빠지는 자가당착적 오류와 일본의 식민사관을 액면 그대로 인정해주는 오류, 그리고 남남갈등의 한국정치를 조장하는 오류 등 세 가지가 있다.

임시정부의 법통과 대한민국헌법 전문 규범력

첫 번째 자가당착적 오류는 헌법해석의 쿠데타로까지 몰아갈 필요는 없지만, 현행헌법의 규범력을 무시하는 태도

대한민국 임시정부 1945년 11월 환국 직전의 정부 요인들. 1987년 한국헌정사상 처음으로 여야 합의에 의해 탄생한 현행헌법의 전문에는 대한민국을 1919년 3·1운동 직후 건립된 대한민국 임시정부의 법통을 계승하고 있음을 천명하고 있다. [연합뉴스 자료사진]

다. 1987년 한국헌정사상 처음으로 여야 합의에 의해 탄생한 현행헌법의 전문에는 대한민국을 1919년 3·1운동 직후 건립된 대한민국 임시정부의 법통을 계승하고 있음을 천명하고 있다.

1948년 8월 15일 건국설을 주장하는 이들이 40년 가까이 정치적·이념적 논쟁 끝에 합의한 대한민국의 법통을 의도적으로 무시하고 있다기보다는 자신들의 현재의 정치적·이념적 입장을 강변하다가 저지르고 있는 오류라고 여기고 싶다.

헌법 전문前文도 규범력과 법적 강제력을 갖는다. 과거에 정당공천에서 탈락한 김상현 전 의원이 국회의원 선거에 출마하면서 정당공천 출마자보다 무소속 출마자가 선거 기탁금을 더 내는 것은 부당하다고 헌법소원한 적이 있었다. 이에 헌법재판소는 헌법전문의 '… 정치·경제·사회·문화의 모든 영역에 있어 각인의 기회를 균등히 하고 …'를 근거로 정당공천 출마자와 무소속 출마자 간의 선거기탁금의 차별성은 불균등하다고 위헌결정을 하였다. 헌법전문의 법적 강제력으로 1948년 8월 15일 건국절 주장이 헌법에 위배

됨을 지적한다.

이승만 대통령을 국부國父로 인정하여 미국의 초대 대통령 조지 워싱턴처럼 '건국의 아버지'라고 칭하는 데는 동조할 수 있다. 미국에서 독립운동을 한 이승만 전 대통령의 정치적 롤 모델은 조지 워싱턴이었기에 초대 대통령으로서 국부로 추앙받고 싶은 것 또한 자연스러울 수 있다. 더욱이 이승만 전 대통령은 1919년 건립된 대한민국 임시정부의 초대 대통령이기도 하였기에 '건국 대통령'으로서 묘사될 충분한 조건을 갖추었다. 그러나 이로써 1948년 8월 15일을 건국절의 근거로 삼는 것은 지나친 정치적 과장이며 종국적으로 현행헌법을 부정하는 정치이념적 오류이다.

건국설은 일제의 한국통치설

두 번째 오류로서 1948년 8·15 건국설은 통치로서의 일본의 한국식민 지배론에 날개를 달아주는 역할을 하게 된다. 일본은 내선일체內鮮一體의 뿌리를 역사적으로 일본식 임나본부설과 같은 한국의 지배 내지 통치에서 찾으려 하고 있다. 일본의 역사 왜곡 능력은 한국의 역사를 샅샅이 뒤지면서 절묘하게 휘어진 역사를 생산해 낸다.

만약에 일본이 대한민국은 1948년에 비로소 건국되었다고 주장하면 과연 우리는 어떠한 생각을 갖게 되고 무엇을 해야 할까? 1910년 한일합방은 나약한 조선의 외교권을 박탈하고 결국 힘으로 지배하게 된 것을 당시 국제사회도 승인해줄 수밖에 없었다고 일본이 얘기한다고 치자. 그리고 일본은 36년의 식민통치를 했는데 2차 세계대전 당시 미국을 비롯한 연합군에 져서 1945년 8월 15일 전쟁 패배를 인정하고 한국에서 퇴각했고, 미군정 하에서 한반도에는 3년 후 대한민국이라는 신생국이 건국되었다고 한일현대사를 회고하는 것이 건국설의 치명적 오류이고, 일제식민사관의 실체다. 분명한 것은 우리민족은 일제 36년 간 지속적인 독립운동을 위해 그 중심에 상해임시정부를 수립하고 망명정부로서 법적 정통성을 지니는 정부를 구성하고 있었다.

1948년 8·15 건국설은 1910년부터 1945년까지 한국 지배(통치개념 포함)는 일본이 했음을 인정하고 상해임시정부의 망명정부로서의 정통성을 부정하는 것이다. 이에 40여년의 사회과학적 역사논쟁 끝에 현행헌법에 1919년 상해 임시정부를 대한민국 임시정부라고 명기하는 데 합의했다. 그래야만 일제식민시대 힘이 없어서 영토는 빼앗겼지만 상해에서 망명정부를 건립해 대한민국의 주권을 간직하고 항일투쟁을 했다고 주장할 수 있기에 그 역사를 확인하고 합의한 것이다.

인생관이 인생이 아니라 실제 삶이 한 사람의 인생이 되듯이 역사 또한 역사관이 아니라 역사적 사건이 역사인 것이다. 부끄러워도 자랑스러워도 내 인생이고 내 역사인 것이다. 그런데 우리 스스로 역사적 사실마저 제대로 못 봐 잘못 해석해 버린다면 무슨 할 말이 있겠는가. 왜 이러한 사실이 박근혜 대통령의 8·15 경축사까지 옮겨와 있었을까?

남남갈등의 뿌리로서 건국설

세 번째 오류로서 '건국설'에 남남갈등의 한국정치를 조장하는 오류가 있다는 것에 주목할 필요가 있다. 정치에 있어서 정책과 이념의 대결은 불가피하고 오히려 바람직할 수 있다. 동북아 한·중·일·북한 중 여와 야, 보수와 진보, 좌와 우의 경쟁구도가 살아있는 유일한 국가로서의 한국은 상생과 공존의 여·야 균형정치가 정착하면 가늠하기 힘든 엄청난 발전동력을 갖게 되리라 굳게 믿고 있다.

그럼에도 불구하고 현재 한국정치에 여·야, 보수·진보, 좌·우 대결 형태는 너무 심각한 지경에 이르러 역사해석에까지 손을 뻗치고 있다. 1948년 8·15 건국설이 기존의 대한민국 단독정부수립론에 대한 반론이라면 깊이 있는 토론을 해야겠지만 남남갈등의 정치적 목적에서 나온 정치적 시비이기 때문에 그 동기를 지적하고자 한다.

1948년 8·15 건국설은 현재의 보수·진보, 좌·우 대결의 뿌리를 소급·평가하면서, 이승만 전 대통령의 반공 이데올로기를 해방정국 당시 김구 등의 남북협상 보다 비교우위에 두려는 목적에서 비롯된 것이다. 이데올로기적 관점에서 김구 선생의 해방정국 당시 남북협상은 공산주의의 수용으로 보고 이승만 박사의 반공과 단독정부 수립은 새로운 국가건설 즉 건국으로 보고 싶은 것이다.

이승만 대통령을 지나치게 비하하려는 태도가 거북한 만

큼 건국 대통령으로 추앙하는 것까지는 좋으나 역사를 왜곡하는 우까지 범해서는 안 될 것이다. 현재 대한민국의 보수·진보 간의 남남갈등 문제는 그나마 지금의 상황설정에서 마무리 단계로 가야 하는데, '건국설'은 대한민국 정부수립으로까지 끌고 가려는 태도로서 남남갈등의 역사적 뿌리를 한국현대사에 임플란트하려는 것이다.

건국설은 현재 최고조에 달한 남남갈등에 의한 한국정치의 산물에 불과하다. 일제식민지배의 역사를 한반도 지배와 통치로 보려는 일본 역사해석에 동조 내지 지지하는 오류를 범하지 않으려면 건국설은 철회되어야 마땅하다.

1948년 8월 15일은
건국일이 아니라 대한민국정부수립일

일본을 '멀고도 가까운 나라'라고 칭하는 데는 정신 바짝 차리고 일본을 대하라는 속뜻을 담고 있다. 일본은 우리의 근대적 자각을 원천봉쇄하였다. 보수적인 위정척사衛正斥邪, 개혁적인 개화사상開化思想, 혁명적인 동학사상東學思想 모두 조선왕조 이후 새로운 체제에 대한 근대적 준비였다. 일제의 지배는 한국이 스스로 전통사상을 정리하고 통합하려는 노력을 억제하고 그 전통사상들을 부정하여 한국사상으로 하여금 자기소외를 강요하며 근대적 자각의 기회를 원천적으로 박탈하였다. 식민지배를 한 것이다. 대한민국 임시정부, 상해 망명정부를 현행헌법에서 법통으로 정하는 것은 대한민국 역사의 현대적 자각인 셈이다.

한일 간의 역사적 불행과 재앙에도 불구하고, '가까운 나라'로 만나는 이유는 남북분단과 갈등 및 대결의 구도에서 한·미·일 동맹체제가 불가피하고 절실하기 때문이다. 역사적으로 일본의 과거사 속죄를 받아내야 하는 불구대천의 원수이지만, 외교·안보적 측면에서는 어깨동무를 해야 하는 이중적 모습이 한일관계이다.

요컨대 1948년 8월 15일의 정확한 이해는 역사적으로 한일관계를 정상적으로 설정하고 우리의 헌법적 가치를 지키며 남남갈등의 진원지를 제거하는 것이다. 1948년 8월 15일은 근본적으로 일본과의 관계에서부터 그 경계를 찾아야지 대한민국에서 우리끼리 다툴 경계선은 아니다.

1919년 임시정부의 법통을 전문에 담고 있는 대한민국헌법정신은 국내외 어느 누구에게도 부정당해서는 절대 안 되며, 한국정치의 양축인 보수·진보 진영의 정쟁대상 또한 아니다. 1948년 8월 15일이 건국일이 아닌 대한민국정부수립일이라는 것은 대한민국 구성원이 갖는 국민적 상식이자 합의이며 국가적 기본사항이다.

2 개헌논쟁과 근본적·구체적·현실적 고민

5년단임 대통령제는 장기집권의 종식일 뿐이지 대통령 독재 및 삼권분립 소실의 여지를 항상 갖고 있는 제도이다.

4년중임 대통령제로의 개헌은 국민에게 권력이 더 가는 민주헌법 개정이다. 현행 5년단임 대통령제에서는 국민에게 선출권만 있지 심판권은 없는 비정상적인 대통령제이다.

가능한 빨리, 즉 1단계 개헌(삼권분립의 정상적인 대통령 권력구조 복원)의 성과 토대 위에서 2단계 개헌의 일정·방법·범위를 확정하는 것이 바람직하다.

현행헌법 개헌문제로 가장 활발하게 공론화된 대표적 사례로서 노무현 대통령이 집어든 '원포인트 개헌'을 꼽을 수 있겠다. 당시 대통령자문 정책기획위원장이었던 국민대 김병준 교수가 필자에게 개헌 공론화를 책임져 달라고 요청하였다. 필자가 헌법전공 학자이자 대통령자문 정책기획위원이라는 명분도 있겠지만, 아마도 정치적으로 골치 아픈 문제를 떠안긴 감도 있었다. 헌법학자로서 흥미롭기도 해서 크게 주저하지 않았었고, 추진과정에서 참 많은 경험을 했던 것으로 회고된다.

한국헌법학회, 한국공법학회 회장 및 임원, 한국정치학회 회장 및 임원들과 청와대에서 고(故) 노무현 대통령과 찬반 논쟁을 했던 일, 광주·대구·부산·울산 등 대도시에서 공청회를 개최했던 일은 학자로선 매우 실감나는 현장경험들이었다. 특히 서울대 강원택 교수가 사회를 보고 서강대 임지봉 교수와 체육관에서 '4년연임제 개헌론'과 '5년단임제 유지론' 논쟁을 실시간 여론조사로 토론한 적이 있었는데, 일반 국민과의 공감대 형성이 생각보다 실제적으로 체감되고 있음을 느꼈다.

개헌논쟁에는 정치·사회·경제적 접점과 쟁점이 무수하다. 흔히들 말하는 육하원칙, 누가·어디서who·where, 국회 또는 대통령, 왜why 무엇을what 어떻게how 언제when 개헌하는지가 모두 접점이자 쟁점투성이다.

요컨대 개헌에 대한 국민적·정치적 합의가 이루어질 경우 거대한 국가발전 대계가 완성되는 것이고 해당 대통령에게는 최고의 국정 마무리라는 인식이 필요하다. 개헌에 관한 한 정말 애국적이고 미래지향적·탈이념적 비전이 요구된다 하겠지만, 진정 근본적이고 구체적이며 현실적인가에 대한 고민과 토론이 필수다.

개헌의 근본적 쟁점 : 민주주의 방식 논쟁

대한민국헌법에는 '헌법제정권력'에 의한 헌법제정과 '헌법개정권력'에 의한 헌법개정이 없었다고 해도 과언이 아니다. 제헌헌법부터 전혀 다른 민주주의 이념에 바탕을 둔 내각제와 대통령제를 동시에 규정하면서 한국헌법은 처음부터 권력구조와 정부형태의 이데올로기적 가치를 가볍게 여기는 헌정사적 전통을 갖게 되었다. 각기 다른 정부형태를 민주주의적 성찰과 고민도 없이 정치적 헤게모니 장악 의도와 정치야합에 의해 받아들인 것이다. 권력구조라는 헌법상 제1차적 규범적 가치가 위정자의 취향에 따라 취사선택의 대상이 되어버렸고, 이후 한국헌정사는 대통령제와 내각제의 윤번제적 선택과 논쟁으로 점철되었다.

① 다수제민주주의와 협의제민주주의

한국헌법의 권력구조와 정부형태가 민주주의 원리에 대한 논쟁과 국민적 토론과정에서 재정립되는 계기가 이제 마련되어야 한다. 그것이 바로 헌법개정과 민주주의에 대한 논쟁이다. 정치적 민주주의에 있어서 정부형태로서의 대통령제와 내각제 논쟁은 다수제민주주의와 협의제민주주의의 논쟁과 직결된다.

내각제 정부형태와 양원제 및 비례대표선거제를 조건으로 하는 협의제민주주의론자들은 한국사회의 불평등조건과 갈등을 매우 심각하게 받아들이면서 다수자 지배의 견제장치로서 협의제민주주의의 당위성을 강조한다. 나아가 내각제 실현을 한국민주주의의 진보로 간주하고 있다.

그러나 그러한 소수자 소외와 배제의 문제는 다수자와 소수자간의 정권교체로서 충분히 완화할 수 있는 문제에 불과하기 때문에 한국적 상황에 맞는 민주주의의 모색이 더 본질적이다. 다수제민주주의(대통령제)와 협의제민주주의(내각제)의 논쟁은 제도적 우월성 보다는 그 사회의 민주적 조건과 현실적 적합성에서 결론을 도출할 필요가 있다.

한국 사회에서 다수자와 소수자간의 합의와 다수결의 결과에 따른 승복 중 어떤 것이 더 강한 규범력을 가질까. 한국의 헌정경험·선거제도·정당체제·정치문화가 합의민주주의(협의제민주주의)와 승복민주주의(다수제민주주의) 중 어떠한 민주주의에 더 적합한가. 민주주의 논쟁이라는 이데올로기 및 헌정사적 성찰이 대한민국헌법의 권력구조 재정립에 있어서, 즉 헌법개정문제에 있어서 필수불가결한 요소가 된 것이다.

② 연합·연립·연대의 제도적 경험 부족

협의제민주주의를 다원화된 시민사회에 부합하는 민주

적 메커니즘으로 보고, 다수자와 소수자 사이의 권리박탈, 권력기관 간의 권력분산·권력위임·권력제한 등의 장치를 통하여 다수자의 지배를 견제하는 것으로 평가한다. 이러한 협의제민주주의는 정치적으로 연립$_{coalition}$정부의 이데올로기적 토대가 되고 있으며, 제도적으로 내각제·양원제·다당제·비례대표선거제 등을 구성요소 내지 조건으로 하고 있다.

그러나 한국헌정에서 협의제민주주의의 이념적 토대가 되고 조건이 되는 연립정부·내각제·양원제 등의 경험은 매우 부족하고 성공한 사례를 찾기 힘들다. DJP연합으로 상징되는 한국 최초의 연립정부는 선거연합에 불과하며, 근본적으로 다수제민주주의(대통령제)의 틀에서의 비정상적인 연정$_{聯政}$이었다. 참여정부 당시 노무현 대통령이 한나라당과의 대연정 제안 또한 협의제민주주의, 즉 합의민주주의의 이념적·제도적 토대가 전무한 상태에서의 제안이어서 정치적 공세로 치부되어 실패하고 말았다. 내각제와 양원제 또한 한국헌법사에서 성찰할 만한 제도적 경험이 없었으며, 비례대표선거제의 전면적 확대도 소선거구제를 대체할 만한 제도로 수용하기에는 기존 정당의 정략적 계산과 장벽이 지나치게 높아졌다.

한국에서 협의제민주주의의 토양이 약한 원인은 위와 같이 헌정사적 경험이 부족한 측면도 있지만 그것이 과연 한국사회와 정치문화에 맞는 민주주의인가에 대한 의구심에서도 찾을 수 있다. 무엇보다 협의제민주주의의 중심축은 정당인데 한국정당들이 '협의'가 필요할 만한 정당간의 정책의 차별성과 불변성을 갖추고 있는가에 대한 부정과 불확신이 그것을 입증하고 있다. 그리고 정당이 권력과 이익의 정치에 몰두하거나 중심에 있는 한 협의제민주주의는 매우 위험하다.

③ **4년중임제, 가장 익숙한 민주주의 시도**

협의제민주주의 논자들이 우려하고 있는 소수자의 배제는 다수자와 소수자간의 정권교체가 이루어짐으로써 완화될 수 있다. 그리고 동질성이 비교적 높은 사회에서는 정당간의 정책차이가 그리 크지 않기 때문에 한 정당이 권력으로부터 배제되더라도 투표자의 이익이 집권정당에 의해 어느 정도 충족된다면, 그 체제는 다수 국민을 위한 다수제민주주의를 수용하는 것이 순기능적이다. '다수제민주주의'는 헌법의 권력구조 내지 정부형태론에서는 '대통령제'로 제도화된다.

대통령제와 4년중임제는 역대 한국헌법에서 가장 익숙한 민주주의의 시도이다. 많은 위정자들이 유럽에서 꽃을 피운 대화와 타협의 합의민주주의(협의제민주주의)와 내각제를 시도하고 동경하였지만, 한국사회에는 합의보다는 결과에 승복하는 미국형 승복민주주의(다수제민주주의)가 더 적합하다. 그리고 미국은 결선투표가 없어도 제도적으로 과반수 득표자의 대통령이 나오게 함으로써 권력의 권위를 인정받고 있지만, 다수제민주주의의 본질상 결선투표의 장치는 필수다.

반면에 협의제민주주의와 의원내각제에 요구되고 있는 유럽풍의 사회적 대타협과 비례대표제가 우리 사회에서 성공한 적이 있는가는 깊이 성찰할 문제다. 현행헌법에 남아 있는 국무총리 국회동의와 국무위원 해임건의와 같은 내각제 흔적도 상호견제와 합의민주주의 강화보다는 입법부와 행정부의 임무를 약화시키고 있을 뿐이다. 4년중임 대통령제는 정치권의 합의정신 보다는 국민심판에 충실한 정치제도이기 때문에 현재의 한국정치문화와 조화調和관계에 있다 하겠다.

개헌의 구체적 쟁점 : 개헌방법과 국무총리·부통령 문제

① 단계적·순차적으로 최소한의 개헌

현행헌법에도 제헌헌법부터 여러 차례의 개헌으로 야기되어온 국가통치원리의 왜곡, 반입헌주의적 흔적이 상당부분 축적되어 있다. 현행헌법은 민주적 정통성을 확보하고 국민의 기본권 신장과 권력구조의 민주화가 확대되었음에도 불구하고 정치권의 이해관계가 반영된 5년단임 대통령제를 채택함으로써 5년짜리 권력을 둘러싼 정치적 악순환이 반복되고 개헌 외의 방법으로는 악순환의 고리를 해소시킬 방도가 사실상 없는 게 엄연한 헌법현실이 되었다고 볼 수 있다.

물론 5년단임 대통령제의 현행헌법 폐단이 4년중임 대통령제로의 전환을 통하여 완전히 종식될 수는 없다. 중요한 것은 헌법개정의 중핵으로서 권력구조(정부형태)에 대한 이데올로기 및 헌정사적 고찰을 통하여 최소한 정상적인 대통령 권력구조 복원의 불가피성을 진단하는 것이다. 동시에 새로운 헌법개정이 4년중임 대통령제로의 개헌을 통하여 표류하던 한국형 권력구조를 1차적으로 마무리 짓는 작업으로서 인정할 만한 가치를 갖고 있는가에 대한 확인도 중요하다. 동시에 현행헌법의 시급한 개정이 대한민국 헌정의 정상화와 직결된다는 문제의식을 갖고 단계론적 개헌론의 유용성도 검토할 필요가 있다.

이미 민주주의가 고도화된 우리나라의 경우 헌법개정 사항에 대한 국민적 합의 과정과 정치적 결단이 단순하지 않기 때문에 시대적 상황에 따른 단계별·순차적 개헌이 현실적이다. 과거 한국 헌법의 전부개정 전통은 구체제(舊體制)와의 단절 내지 권력 연장의 위장(僞裝)에서 비롯된 것이다.

가능한 빨리, 즉 1단계 개헌(삼권분립의 정상적인 대통령 권력구조 복원)의 성과 토대 위에서 2단계 개헌의 일정·방법·범위를 확정하는 것이 바람직하다. 향후 정·부통령제, 결선

투표제, 대통령의 사면복권 및 국회의원 면책특권 제한, 저출생과 국가책임 명기, 영토 및 통일조항, 토지공개념과 복지조항 등의 종합적 검토는 오랜 찬반논쟁이 필요한 문제로서 미국의 CCS$_{\text{Committee on the Constitutional System}}$처럼 비정치권 중심의 전문가들이 모여 정치권의 필요성이 아닌 시대적 상황과 국민참여적 민주주의 강화의 입장에서 헌법개정논의를 활발히 할 필요가 있다. 헌법수정의 절차가 엄격한 미국(상·하원 각각 3분의 2 이상의 찬성과 전국 50개주 중 36개주 이상에서 비준)에서도 헌법개혁에 관한 연구와 토론이 여전히 활발하다.

② **국무총리 존폐 논쟁**

대한민국헌법사의 가장 큰 문제는 제헌과 개헌과정에서 국가의 통치원리를 '왜곡·변질'시키고, '갑작스런 변경'을 하였다는 데 있다. 헌법제정 당시 내각제 제헌안으로 준비된 헌법 기초안에 이승만 대통령의 대통령제의 강제적 권유가 가미되면서 국회간선제의 대통령제가 탄생되고, 그 후 재집권을 위해 국민직선제로 바꾸는 것이 제헌과 개헌의 왜곡·변질과정의 대표적 예이다. 또한 제1·2·3공화국 개헌과정에서 대통령제→내각제→대통령제로의 변화가 '갑작스런 변경'의 전형이기도 하다.

헌법개정에 대한 논의는 권력구조변경에 대한 찬반론과 그외 다양한 측면에서 제기되고 있지만, 한국헌법사에 점철되었던 통치원리, 즉 권력구조의 개정과정을 고찰할 때, 권력구조론적 차원에서의 왜곡·변질된 부문의 정상화로 개헌 필요성이 엄존한다.

헌법학 전문가를 대상으로 실시한 헌법개정에 대한 설문응답은 현행 헌법상 권력구조에 초점이 맞추어졌다. 대체적으로 정부형태에 대한 선호도는 대통령중심제로서 임기는 4년 1차중임제 그리고 부통령제의 도입을 선택하였다. 이러한 경향성은 각 전문가와 일반국민간의 상당한 편차에도 불구하고 대체적으로 유지되고 있다.

4년중임 대통령제로의 정부형태 변경을 논의할 때 국무총리제도의 존폐와 부통령제도의 도입 필요성에 대한 논쟁은 불가피하다. 현행 국무총리제의 헌법사적 연혁은 제헌헌법 당시 헌법을 기초한 자(내각제 주장)와 정치적 헤게모니를 장악한 자(대통령제 고집) 간의 야합으로 탄생된 기형적인 정부형태에서 비롯되었다. 겉은 대통령제이고 속은 내각제인 제헌헌법의 전통에서 한국헌법상 국무총리제는 내각제적 요소의 핵심으로 자리 잡게 된다.

즉 국무총리제도에 대해 가장 흔히 제기되는 비판은, 국무총리를 국회의 동의를 얻어 임명하도록 하는 것은 의원내각제적 요소로서 대통령제와 어울리지 않는다는 것이다. 제헌헌법 제정시 정치적 타협의 산물로 나온 국무총리제도가 특히 권위주의적 대통령제 하에서 방탄총리, 대독총리 등으로 불리며 위상을 제대로 확보하지 못한 현실은 역대 국무총리들이 실질적 권한이 없으면서 대통령이 져야 할 정치적 책임을 대신함으로써 대통령직을 성역화시키는 기능을 해왔다는 것이다.

물론 국무총리제에 대한 찬성 입장에서는 국무총리제도에 대한 적극적인 해석이 가능한데 프랑스식 동거정부에서처럼 현행헌법을 여소야대의 상황에서 이원집정부제적으로 운용하는 문제와 연결된다. 이 경우에는 의회에 정치적 기반을 두고 있는 총리와 국민직선의 대통령이 상호 협력하는 형태로서 대통령과 총리가 다른 경우 유럽내각제 형태의 연정聯政까지를 상정할 수 있다. 그러나 현행 한국헌법에서의 연정은 헌법적으로 제도화될 수 있는 정부형태가 아니라 여소야대라는 특수한 정치적 상황에서 나올 수 있는 비제도적인 정치타협의 변종에 불과하다.

③ **부통령제 도입 논쟁**

국무총리제도를 폐지하는 대신 부통령제를 도입하자는 제안의 핵심은 국무총리제도는 대통령제와 체계적으로 어울리지 않는다는 것이다. 대통령 유고시에 민주적 정당성이 약한 국무총리가 대통령의 권한을 대행하는 것의 문제점, 그리고 대통령과 국회 사이의 임기일치의 필요성 등을 기초로 하여 제기되고 있다.

또한 현재 대통령선거가 실질적으로 영호남간의 지역대결 양상으로 이루어지는 현실 속에서 정·부통령 후보가 지역연합으로 이루어진다면 이러한 문제점을 완화할 수 있다는 주장도 있다. 그러나 지역주의에 기초한 정당구도 하에서 지지기반이 취약한 지역에서의 득표를 위해 부통령후보를 정해 당선된 경우에 이러한 부통령이 대통령직을 승계했을 때 대통령으로서의 임무를 제대로 수행할 수 있을지 심각하게 고려해 보아야 한다. 이러한 상황은 양당제가 아직 정착되지 않은 체제에서 다수정당의 대통령후보가 소수정당과의 연립을 목적으로 부통령후보를 지명하는 경우와 비슷한 상황이다.

미국헌법이 처음 제정되었을 때 부통령제를 도입한 가장 커다란 이유는 부통령제가 행정부의 기능에 필요해서가 아니라 선거인에게 2표가 있는 대통령선거제도가 제대로 작동하기 위한 도구로서의 의미가 컸다. 따라서 부통령은 일상적으로는 상원의장의 업무를 수행하고 대통령의 궐위시에도 그 직을 승계하는 것이 아니라 권한을 대행하는 것에 그쳤다.

수정헌법 제12조(1804. 9. 25 공포)는 대통령과 부통령 후보에게 별도로 투표하도록 했지만 1800년 대통령선거(애덤스 중심의 연방파, 제퍼슨 중심의 공화파)에서 정당국가화 현상이 심화되고 정당정치가 확립되면서 적지 않은 의원들이 1표만을 행사함으로써 부통령제를 도입한 중요한 이유가 사라졌다.

이와 같이 19세기 미국에서의 부통령제는 거의 유명무실한 존재였다가 20세기 연방정부의 활동이 활발해지면서 부통령의 권한이 강화되었다. 정치권력의 중심에 서게 된 대통령이 대통령선거에서의 러닝메이트를 정당지도부가 아니라 대통령후보 스스로 선택하면서 부통령의 존재가치와 권한강화도 동시에 수반된 것이다.

이러한 부통령직의 현실적인 변화는 1967년에 통과된 수정헌법 제25조에 반영, 부통령의 궐위에 대비하는 조항까지 신설하였는데 이는 미국헌정의 현실에서 부통령직의 중요성이 커졌음을 보여주고 있다.

미국에서의 부통령제에 대한 논쟁은 다양한데 부통령제 폐지론은 대통령이 갑자기 궐위된 경우라도 권한대행을 임명하고 다시 선거를 치루면 된다는 것이고, 부통령 권한 강화론은 내각을 이끄는 지위를 부여하든지 아니면 상원에서 투표권을 행사하게 하는 등 권한을 강화하자는 입장이다. 동시에 선출방식 개선론으로서 대통령과 부통령의 후보가 예비선거부터 함께 하도록 하자는 안으로부터 양자를 별도로 선출하자는 안까지 다양하게 제기되고 있다.

한국헌법에 부통령제 도입이 현실화될 때 대통령과 부통령의 선출방식이 가장 핵심적일 것이다. 우선 전체후보자 중 제1득표자를 대통령으로, 제2득표자를 부통령으로 하는 방법은 정당국가의 현실에서 선거에 패배한 경쟁자를 부통령으로 선출하는 것으로 부적합하다.

반면 대통령과 부통령을 별도로 선출할 경우에 러닝메이트 제도를 도입할 것인가의 여부가 문제될 수 있다. 그렇지 않으면 제1공화국에서 이승만 대통령과 장면 부통령의 경우나 미국 초기의 정·부통령처럼 정파가 서로 다른 경쟁자가 정·부통령으로 재임하게 되고, 이 경우 대통령의 유고시에 부통령이 승계하면 정권이 교체되는 문제를 발생시키게 된다.

여하튼 대통령중임제로의 개헌을 할 경우 국무총리제 존치여부와 부통령제 도입방법에 대해서 다양하게 논의될 수밖에 없는데, 이는 한국헌법사에 엄존해 온 내각제적 전통에 대한 재검토와 동시에, 정당국가적 대의민주정에서의 정당체계의 질적 변화와도 직결되는 문제가 발생하기 때문에 심도있는 논의가 필요하다.

개헌의 현실적 쟁점 : 5년단임 대통령제의 폐기

① 사람의 실패인가, 제도의 실패인가

현행헌법을 개정한다면 ①제1차 개헌부터 제8차 개헌까지의 1인 장기집권의 독재헌법의 시기, ②1987년 6·10 시민항쟁으로 시작하여 정치권에서 완성된 제9차 개헌의 민주주의헌법의 도입 시기, ③국민의 결단으로 마무리 짓는 제10차 개헌의 민주주의헌법의 발전시기로의 전개와 연장선상에서 파악할 필요가 있다.

민주주의헌법의 발전시기에 해당되는 새로운 헌법개정은 일차적으로 4년중임 대통령제로의 개헌을 통하여 표류하던 한국형 권력구조를 정상화하는 데 있다. 한국민주주의의 미발전이 제도(헌법)와 사람(대통령) 중 누구의 탓인가에 대한 대답으로서 4년중임 대통령제로의 개헌이 제기되는 것이다.

역사에서 아홉 번의 실패와 반복은 없어야 한다. 실패한 대통령을 만들고 있는 한국정치의 구조적 문제와 제도상의 결함을 실패한 제도, 헌법에서 찾을 수 있다. 5년단임 대통령제는 민주주의 헌법으로 가고 있는 과도기의 비정상적 대통령제일 뿐이다.

역대 5년단임 대통령제 선거에 있어서 국민은 최선의 선택을 하였으나, 여덟 번에 걸쳐 5년마다 반복되는 책임정치 실종과 정치적 자멸은 제도(헌법)에서 기인한다고 볼 수밖에 없다.

과거 대한민국헌법사가 반입헌주의적 개헌역사이자 정치세력간의 야합에 의한 정치권력의 변천사였다면, 현행헌법의 개정은 절차적으로 국민과 정치권의 정치적 합의가 있었고, 국민의 기본권 신장과 권력구조의 민주화 확대에 따른 민주적 정통성을 상당부분 확보하고 있었다. 그러나 정치권의 이해관계가 반영된 5년단임 대통령제를 채택함으로써 5년짜리 권력을 둘러싼 정치적 악순환이 반복되었다. 유신체제와 5공 정권의 대통령독재를 경험한 국민들은 대통령을 직접선거로 뽑을 수 있다는 그 자체에 만족해 더 이상의 변화와 논쟁을 접었다.

유신체제와 5공 정권의 대통령독재를 경험한 국민들은 대통령을 직접선거로 뽑을 수 있다는 그 자체에 만족해 더 이상의 변화와 논쟁을 접었다. 12·12 군사반란과 5·18 민주화운동 당시 내란 및 내란 목적 살인, 뇌물 등 혐의로 구속기소된 전두환(오른쪽)·노태우 전 대통령이 1996년 8월 26일 서울지법 417호 대법정에서 열린 선고공판에 출석한 모습. 이후에도 대통령들의 레임덕과 정치불행은 반복되었다. [연합뉴스 자료사진]

② **국민에게 권력이 더 가는 개헌**

4년중임제가 대통령제에서의 책임정치를 제도화하는 대안으로 등장하는 데는 현행헌법의 단임제 대통령의 정치형태에 대한 비판에서 비롯되고 있다. 1인 장기집권방지라는 시대적 소명을 다한 현행헌법에 권력누수와 책임정치 실종의 반복, 지역주의 정치행태의 고착 등 헌법적 부작용이 현실로 드러나면서 제도적 결함의 개선이 절실해졌다. 대체할 권력구조로서 4년중임 대통령제가 사회적 합의단계에 이르렀고, 개헌시기도 참여정부의 임기 말이 최적기로 설정되었으며, MB와 박근혜 정부, 노무현·문재인 정부에서도 지속적으로 개헌논쟁 중이었다. 단임제는 장기독재 종식일 뿐 대통령 독재 및 삼권분립 소실의 여지를 항상 갖고 있는 제도다.

통상적으로 대통령은 임기 초에는 개헌을 약속할 수 있을 뿐이다. 만약에 임기 초에 대통령 스스로 발의하여 헌법을 개정해 버리면 한국헌법 규정상(제128조 제2항) 상당기간 두 개의 통치규범이 존재하는 최고규범 중첩이라는 초유의 상황이 발생한다. 임기 초에 새로운 헌법을 만들면 '신법이

구법을 우선한다'는 원칙에 따라 구헌법은 자동 폐지된다는 주장이 있지만 이는 헌법과 법률의 법리적 차이를 혼동한 착오에 불과하다. 5년단임 대통령제 헌법과 4년중임 대통령제 헌법은 통치구조와 운영에 있어서 전혀 다른 차원의 차이가 있으므로 현직대통령은 현행헌법에 근거하여 통치할 수밖에 없다.

4년중임제를 채택하고 있는 미국헌법에서도 단임대통령제 운동이 여러 번 시도되었으나 번번이 실패하였다. 특히 미국의 6년단임 대통령제안은 "4년중임제가 다음 선거 준비 때문에 소신 있는 국정운영을 어렵게 한다"는 이유로 헌법 수정의 검토대상이 되어왔다. 이 안은 1826년부터 150회 이상 의회에 제출(9명의 대통령이 시도함)됐으나 "단임제는 대통령이 선출될 때부터 권력누수현상을 초래할 수 있고, 국민에 대한 책임성과 대응성을 기대하기 어려우며, 분할정부가 탄생하면 그 기간을 더 연장시켜 버린다"는 이유로 계속 채택되지 않았다. 4년중임제의 문제가 아무리 많아도 단임제의 폐해와는 비교도 안 된다는 미국적 경험과 판단은 한국헌법사에서 매우 소중한 타산지석이다.

5년단임 대통령제를 4년연임 내지 중임 대통령제로 개정할 경우 대통령과 국회의원의 선거주기 불일치와 만연된 여소야대 현상이 해소될 것으로 예견할 수도 있다. 그러나 대통령과 국회의원선거의 일치가 여대야소를 반드시 보장하지는 않는다. 대통령과 국회의원 선거를 동시에 치를 경우 대통령과 정당을 동시에 심판하는 것이기에 팀 투표제 Team Ticket Voting: 일명 줄투표에 의한 다수당 통합정부가 자주 구성되지만, 대통령과 정당에 대한 지지가 다를 경우와 견제투표 심리가 확산되면서 여소야대 현상이 나타날 수도 있다.

4년중임제는 여소야대의 분할정부 하에서 국민의 선택과 정치권 정책변경의 선순환구조를 담보하는 제도적 강점을 가질 수 있다. 4년중임제는 대통령을 선택하고 심판하는 권력이 국민에게 있음을 명백히 하고 있기 때문에, 즉 대통령 권력이 국민에 의해서 통제되고 있으므로 단임제에서 자주 발생하는 야당에 의한 국정발목잡기 수준의 권력누수현상이 심하게 나타나지는 않을 것이다.

요컨대 5년단임 대통령제의 현행헌법의 폐단이 4년중임 대통령제로의 전환을 통하여 완전히 치유되지 않는다. 제도론적 장단점 비교와 분석으로 최적의 정부형태를 단정지을 수는 없다. 중요한 것은 헌법상 통치구조가 국민의식과 한국사회의 정치문화 및 정치현실과 어울릴 수 있을 지를 민주주의 관점에서 결정하는 것이다.

분명한 것은 4년중임 대통령제로의 개헌은 국민에게 권력이 더 가는 민주헌법 개정이다. 독재 헌법에서는 대통령이 국민을 통제했고, 현행 5년단임 대통령제도 국민에게 선출권만 있지 심판권은 없는 비정상적인 대통령제이다. 4년중임 대통령제에서는 국민이 선출권과 심판권을 동시에 갖기 때문에 비로소 국민이 대통령을 통제할 수 있다.

3 국민과 지방분권 주체로서 주민

현행헌법은 국민의 기본권과 권력구조만 나열할 뿐 지방분권을 외면하여, 지역주민으로서의 권리와 권력 그리고 자율성 및 독립성 확보에 관한한 시스템의 공백상태이다.

대한민국의 경우에도 각 지역마다 정치적·사회적 자치 및 자결적 결정사항이 당연히 많이 있을 것이고 그 해결은 최우선적으로 그 지역에서 해결해야 한다는 지방분권의 헌법적 보장이 있어야 하겠다.

지방분권의 헌법화는 지방소멸의 극복은 물론 국가발전의 새로운 비전과 동력이 된다고 확신한다.

근본적인 질문을 던진다. 개헌은 누가 하여야 하는가. 헌법개정의 최종책임자는 누구인가. 결국 나라의 주권자로서 국민이다. 그동안 아홉 번의 개헌을 하면서 4·19 혁명에의 제3차 개헌과 6·10 항쟁 이후의 현행헌법 외에는, 모두 권력자에 의해서 권력자를 위한 헌법으로 바꾸어 왔다. 4·19 혁명과 6·10 항쟁 당시에도 개헌작업에서는 국민의 소리가 아닌 정치권의 권력적 이해관계에 의해서 헌법을 개정하였다.

만약 제10차 개헌헌법이 국민에 의해서 개정되고, 그 개정 내용에 있어서 국민과 주민이 그 중심에 있게 된다면 아마도 국민을 위한, 국민에 의한 최초의 헌법개정이 될 것이다. 촛불혁명 이후 문재인 정부의 개헌 불발은 한국민주헌법사에서 최대 실패였다. 당시 지방선거를 앞두고 지방분권을 내포한 민주헌정수준의 제10차 개헌안은 한국민주주의의 필수불가결한 좌표로 설정·제시했다는 점에서 높이 평가한다.

주민은 없고 국민만 존재했던 대한민국헌법

구체적으로 현행헌법에는 지방분권이라는 조항이 없다는 점을 지적한다. 지방자치에 관한 현행 9차 개헌헌법의 조항은 제5공화국 헌법은 물론이요 유신헌법의 지방자치 조항과도 별반 차이가 없다. 지금 실시되고 있는 낮은 수준의 지방자치도 DJ와 YS의 단식투쟁에 의해서 쟁취되어 실시되고 있는 것에 불과하다.

똑같은 지방자치 규정을 놔두고 유신 때는 평화통일 될 때까지 유보시킨다는 명분으로 지방자치를 포기하였고, 제5공화국 헌법에서는 지방재정자립도가 충족될 때까지 미룬다고 하였다. 민주국가인 대한민국에서 지방자치를 하지 않았던 것이다. 현행헌법도 지방선거와 지방자치를 실시하고 있지만 지방분권과는 거리가 매우 먼 개념의 지방단체자치의 확장에 불과할 뿐이다. 즉 지방자치의 주인이 주민이 아니라 지방단체인 셈이다. 지방자치에 관한 규정은 완전히 개조하여야 한다.

지방분권이 실현될 때 비로소 대한민국헌법이 민주주의

의 제도화에 진입했다할 것이다. 지방분권이 될 경우 현행 헌법에서 최고의 한국 고질병으로 여겨온 제왕적 대통령 권력의 병폐가 사실상 절반이상 치유될 수 있다. 지방의 권력이 중앙권력으로부터 분리가 되어있지 않았기 때문에, 대통령이 어느 지방을 찾아갈 때 그 지방의 손님으로 가는 게 아니라 재정권과 인사권 및 조직권을 거머쥔 왕王으로 행차했던 것이다. 지방의 견제로부터 완전히 자유로웠던 대통령의 권한을 인정하고 있는 현행헌법은 풀뿌리 민주주의를 방치해 온 셈이다.

즉 현행헌법은 국민의 기본권과 권력구조만 나열할 뿐 지방분권을 외면하여, 지역주민으로서의 권리와 권력 그리고 자율성 및 독립성 확보에 관한한 시스템의 공백상태이다. 대한민국 국민에게 시민과 주민으로서의 삶을 돌려주어야 할 때가 되었다.

지방분권 개헌과 주민자결권

그동안 대한민국 사람들은 주민·시민 또는 인민people, 즉 자연인으로서의 권리와 인권을 보장받지 못한 채 오직 국민으로만 살아왔다. '좋은 국민'은 애국심으로 무장되어 국가와 조국을 위한 존재로만 여겨져 왔다. 모든 국민은 대한민국 국민으로서 권리와 의무를 갖는 자로 헌법에 규정되어 있을 뿐이다.

모든 인간은 국민이기 이전에 자연인으로서의 권리와 인권을 보장받고, 국가는 그것을 더 확고하게 만들기 위한 공동체에 불과함에도 불구하고, 보기에 따라서 국민은 국가를 위해서 봉사하고 희생하는 존재로 전락되었던 것이다. 시민으로서 지역주민의 지위를 포기하고 국가의 정치·경제·사회생활을 하고 있는 것이 진정한 의미에서 국가의 주인일 수 있겠는가. 이번 제10차 개정헌법의 핵심이 지방분권에 있다는 것은 국민주권과 주민자치권을 동시에 갖는 온전한 민주시민으로서의 권력을 정상화시키는 데 있다고 하겠다.

대한민국 국민은 국민으로서의 지위와 함께, 자기가 살고 있는 지역에서 주민으로서의 지위도 동시에 확보되어야 한다. 지역주민으로서의 권력을 확보하지 못한다는 것은 모든 것을 중앙의 정치에 의존하고 있다는 것을 뜻한다. 동시에 지역주민으로서의 권력을 가지려면 그만큼의 책임도 떠안아야 한다. 지역발전의 책임은 중앙정치보다는 지역주민에게 먼저 있다는 것이 지방분권 정신의 첫 출발이다. 20세기 초 미국 윌슨 대통령의 민족자결권과 같은 논리구조의 주민자결권을 얘기하는 것이다.

필자가 2010년 캘리포니아 주립대학 UCI에 교환교수로 있을 때, 미국 중간선거와 캘리포니아 지방선거를 직접 목도하였다. 당시 캘리포니아의 중요한 정치적 현안으로서 동성결혼의 합법화를 인정할 것이냐 아니냐에 대한 논쟁이 있었다. 중앙권력을 좌지우지하는 민주당과 공화당이 정치적 역풍을 우려하여 이 문제를 외면하고 있었고 거기에 따른 현실적 고민과 고통은 캘리포니아 주민에게 고스란히 넘겨져 있는 상태였다.

결국엔 주민발안에 의하여 동성결혼을 합법화시킬 것인가에 대한 정치적·법적 결정을 하던 모습을 당시 보았다. 49:51로 보수적 성향의 동성결혼 합법화 반대로 결정 났지만 그 결과와는 상관없이 주민자치와 주민자결권이 실현되었던 것은 상위개념의 지방분권이 있었기 때문에 가능했다고 본다.

대한민국의 경우에도 각 지역마다 정치적·사회적 자치 및 자결적 결정사항이 당연히 많이 있을 것이고 그 해결은 최우선적으로 그 지역에서 해결해야 한다는 지방분권의 헌법적 보장이 있어야 하겠다.

요컨대, 지방분권을 헌법적으로 보장했을 때 비로소 대한민국 국민은 국민으로서의 지위와 주민으로서의 지위를 보장받는 명실상부한 민주시민으로서의 정치적·법적 지위를 획득하게 된다. 비로소 나라의 주인이 법적·사회적 권리와 의무 등을 온전히 갖는 대한민국 운명의 주체가 되는 것이다.

과거·미래, 현실의 제반 문제를 그 지역의 주민들이 결정하는 주민자결권이 보장되어 중앙집권적 개념의 국가전략 외에 현장의 구체적 비전과 동력이 보강되어야 할 때다. 지방분권의 헌법화는 지방소멸의 극복은 물론 국가발전의 새로운 비전과 동력이 된다고 확신한다.

4 촛불혁명의 실패 원인과 과제

첫째 지역주의 정치를 버릴 때가 되었다는 것이고, 둘째 남남갈등 수준의 이념갈등을 종결하라는 것이며, 셋째 다시는 정경유착 같은 것은 발본색원하여 청산하라는 것이었다. 이것이 전제된 새로운 정치를 해달라는 것이 '광화문 촛불' 함성의 구체적 요구이자 메시지였다.

한국사회의 세 기둥인 민주주의·경제·안보를 좌·우, 보수·진보, 여·야의 칼날로 들이댄 자는 대통령 자격이 없다고 본다.

한 가정에서 엄마나 아빠의 역할이 없어질 때 '결손가정'이 되듯이, 보수·진보의 균형이 무너질 때 한국정치는 또다시 '불량정치'가 될 수 있다.

2016-2017 광화문 촛불혁명은 절망적이고 힘든 정국에서 국민과 시민의 힘이 살아있다는 것을 확인해 주었고, 대한민국 민주역사의 마지막 성장통이 되리라 예측했었다. 불행하게도 광화문 촛불혁명은 양은냄비처럼 쉽게 식어버렸고, 한국정치와 대통령은 엉뚱한 방향으로 비틀어져갔다. 급기야 8년 만에 촛불 대신 LED 응원봉을 들고 2024-2025 탄핵정국이 또다시 반복되고 있다.

2024-2025 탄핵시즌2의 역사적 현장에서 촛불혁명의 실패 원인과 과제를 찬찬히 들여다보는 역사적 사명을 가져야 한다. 이를 위하여 첫째, 광화문 촛불정신의 정치적 과제를 재조명하고 지금의 탄핵정국의 지향점과 해법을 분명히 찾아야겠다. 둘째, 촛불혁명의 실천책무를 담당한 문재인 정부의 정치와 정책의 실패 원인을 규명하여야 한다. 셋째, 탄핵은 대통령에서 비롯된 문제이므로 한국 대통령을 잘 뽑는 정치교육의 활성화와 이전투구의 한국정치의 성공조건을 마련해야 할 것이다.

제2기 탄핵혁명의 주체인 깨어있는 시민과 정치인의 각성이 민주화의 불가역적인 좌표들을 재설정하고, 민주주의의 제도화가 어떠한 경우에도 퇴행·퇴영·퇴보하지 않도록 그 실천방안을 제시한다.

'지배받는 주체'로 전락했던 탄핵시민혁명

불행하게도 한국정치에서 우리 국민은 스스로 일어났지만 결과적으로 '지배받는 주체'로 되어버리곤 했다. 일제 독립운동사를 연구할수록 빛나는 독립운동사가 크게 드러나지만 광복 후 정부를 지배하고 담당하는 자는 대부분 독립운동과 거리가 멀고 부일협력자가 다수였다. 피를 흘렸던 독립운동가와 민중들은 보통 국민으로 전락해버렸다. 새로운 역사의 주인공들이 '지배받는 주체'가 되어버린 셈이었다.

제1공화국을 붕괴시킨 4·19 혁명의 주역들은 극소수만 역사와 현대정치의 주체가 되었을 뿐 약 30년, 1987년 체제가 탄생할 때까지 많은 고생을 하였다. '지배받는 주체'로 전락되었던 것이다. 1987체제의 출범도 역사적 심판의 대상들이 오히려 6·29 선언과 야권의 분열로 심판대상자들이 새로운 체제의 첫 장을 열었고, 소위 '투쟁하는 주체'들은

2016년 박근혜 정부 퇴진운동을 외친 촛불혁명으로 문재인 정부가 탄생했다. 불행하게도 광화문 촛불혁명은 양은냄비처럼 쉽게 식어버렸다. [연합뉴스 자료사진]

정치적으로 지배받는 피치자_被治者_가 되고 말았다. 재주는 곰이 부리고 돈은 왕서방이 가져간 꼴이 된 것이다.

2016-2017 광화문 촛불의 함성이 실제의 정치에서 어떻게 결합되고 모양새를 갖춰야 할지 많은 걱정을 했다. 거창하게 이야기 하자면 역사적으로 혁명에는 분명히 주체가 있음에도 불구하고 오히려 개혁대상들이 새로운 시대의 주체가 되면서 혁명정신이 좌절될 때가 참으로 많았다. 혁명이 성공하기 위해서는 혁명주체가 중심이 되어 모든 것을 담당하면 최고이겠지만 현실의 정치세계에서는 불가능에 가까운 것이고, 혁명정신을 유지할 수 있는 세력들이 중심을 잃지 않아야 했다.

제1기 촛불혁명의 명령과 과업을 부여받은 문재인 정부는 최소한 국민 참여 직접민주주의 채널을 확보하는 개헌을 했어야 했다. 광화문 촛불혁명의 열기와 환호만 받았지, 그 제도화에는 아무런 성과를 내지 못했다. 진보진영만의 승리와 혁명이 아닌 전국 범위의 전국민적 참여였기에 당연히 모든 계층의 대표를 요직에 안배하는 통합정부 정치를 했어야 했다. 결과적으로 어떠한 결실도 없이 정권재창출에도 실패하고 말았다.

광화문 촛불정신의 요구는 좌절되었지만, 한국정치에 대한 메세지는 아주 간명했다. 첫째 지역주의 정치를 버릴 때가 되었다는 것이고, 둘째 남남갈등 수준의 이념갈등을 종결하라는 것이며, 셋째 다시는 정경유착 같은 것은 발본색원하여 청산하라는 것이었다.

이것이 전제된 새로운 정치를 해달라는 것이 '광화문 촛불' 함성의 구체적 요구이자 메시지였다. 일상의 정치도구인 의회·정부·정당으로는 사지死地에 빠져있는 한국정치를 건져낼 수 없기에 '초일상의 정치'라고 명명할 수 있는 광화문 촛불이 등장한 것이었다.

요컨대, 광화문 촛불이 대한민국 민주역사의 마지막 성장통이 되었다면 오죽 좋았겠으나, 천문학적 비용과 희생을 치루고 있지만 지금의 2024-2025 탄핵시민혁명이 길게 봐서는 대한민국에 큰 축복일 수도 있다. 일종의 실패의 경험에서 지혜를 구하는 것이다. 무엇보다 절망적이고 힘든 정국에서 국민의 파워가 살아있다는 것을 확인한 것, 이것은 대한민국의 큰 소득이라고 하겠다.

문재인 정부가 남겼던 3대 맹점과 모순

촛불혁명의 과실을 다 까먹고, 정권재창출 실패의 성적표를 받은 문재인 정부가 광화문 촛불혁명 실패의 장본인이라 해도 과언이 아니다. 문재인 대통령의 세가지 맹점과 모순은 개헌실패, 국민적 총의를 받는 대북 승부수 불발, 통합정부론 공약 폐기로 정리할 수 있다.

① 개헌실패

첫 번째 맹점은 개헌실패다. 4·19 혁명과 6·10 항쟁 이후 정치권은 어떻게든 진일보된 개헌, 즉 국민에게 다가가는 정치체제 변경의 결단을 해냈다. 촛불혁명의 힘을 개헌으로 연착륙시키지 못한 것은 시대적 사명을 방치·폐기한 것으로 누군가 책임을 져야 하고, 다시금 그 불씨를 살려야 한다.

한국 근·현대사에는 최장집 교수류의 정당중심론으로는 볼 수 없는 직접민주주의적 전통이 있기에 제10차 개헌에서는 국민의 직접적 정치참여 채널을 장치할 때가 되었다. 국민소환·국민발안과 같은 직접민주주의 시스템을 갖추고, 4년중임개헌으로 국민에게 대통령 선출권과 심판권을 온전히 돌려주어야 했다. 같은 맥락에서 지방분권에 대한 외면이 유신·제5공화국 헌법조문과 동일한 현행 헌법을 그대로 안고 가는 것은 너무도 반민주적이고 반시대적이다.

2018년 상반기 개헌 관계자들의 비전과 정무적 능력은 허술·허접 그 자체였다. '촛불혁명 후의 개헌 과업'은 촛불정신의 제도화에 해당된 것으로서 개헌실패는 촛불정신의 완전 실종을 의미한다고 하겠다.

② **국민적 총의를 받는 대북 승부수 불발**

한반도운전자론까지 거론했던 대통령으로서 대북 승부수가 전혀 없었다는 것이 두 번째 맹점이다. 북한의 비핵화는 전제조건이 아니라, 남북대화와 교류협력을 통해 기획적으로 치밀히 추구해야 할 목표였다. 북한의 평창평화게임에 비해 대통령의 대응은 보잘 것 없었고, 국민적 총의總意를 받는 승부수를 띄우지 못했다. 아무리 적대적 야당과 보수 언론의 거부와 훼방이 있다고 할지라도 그것을 핑계와 변명의 근거로 하는 후퇴가 있어서는 안 되었다.

핵동결을 입구로 하고 핵폐기를 출구로 하자는 비핵화조치 단계론에 충실히 매진하여 북한 비핵화 포기로의 회귀를 원천봉쇄해야 했다. 최소한 북한 비핵화의 상태를 비유컨대 "못을 뽑기 전에 못대가리를 약간 뽑아놔야지 '뽑힌다'"는 말처럼 그 정도 수준의 시금석은 마련하고 바톤터치를 하여야 했다.

③ 통합정부론 공약 폐기

개헌실패와 대북 승부수의 불발이 제대로 챙기지 못하고 지나쳐버린 차원의 맹점이라면, 세 번째로 대통령의 통합정부론 공약 폐기는 정치적 자기모순에 해당된다. 촛불혁명은 진보만의 승리라기보다 전국적 범위의 국민주도형 정치결단이었다. 문재인 대통령의 후보 공약으로 통합정부론은 매우 시의적절하고 탁월하였다. 한국정치에서 야합형 공동정부가 아닌 협치형 통합정부론은 지나간 시간과 무관하게 아직 유효한 공약이다.

문재인 정부구성이 통합정부와 협치를 제대로 지향했다

면, 보수진영을 합리적으로 재편성할 수 있었을 것이다. 통합정부에 대한 대통령의 정치력 발휘는 양극단의 광장대결 구도를 끊으며 대한민국 정치사회의 새로운 주류를 등장시키고, 한반도평화·개헌과제까지 추가적으로 완수·완성하는 효과를 가져다줄 수 있었을 것이다.

촛불혁명이라는 거대한 에네르기는 4·19 혁명과 6·10 항쟁도 비할 수 없기에 국민이 준 국가 대전환의 호기를 놓치지 말라는 것이었는데, 결과적으로 실패했다. 불행 중 다행으로 지금 한국은 또 한 번의 촛불과 탄핵이 진행되고 있다.

대통령 잘 뽑는 정치교육과 한국정치의 성공 조건

① 대통령 잘 뽑기와 민주시민교육

국민 대중이 탄핵정국의 시작과 끝을 주도하고 있다. 우리 모두는 '나라의 주인은 국민'이라고 배웠고, 탄핵은 나라의 주인이 대통령을 문책하는 것이다. 탄핵 인용시 당면할 첫 과제는 새로운 대통령을 뽑는 일인 것 같다. 탄핵이 질책의 주인행세라면, 대통령을 뽑는 것은 새로운 일꾼을 맞이

〈표〉 정치교육의 원칙, 독일 '보이텔스바흐 합의'Beutelsbacher Konsens'

첫째, 정치교육에서 강압적인 교화와 주입을 금지한다.

둘째, 교육현장에서 일방적인 입장이 아닌 다양한 견해와 입장이 다루어져야 한다.

셋째, 학습자 스스로 정치 상황과 자신의 입장을 분석하여 자율적으로 정치적 시민성 역량을 기를 수 있어야 한다.

하는 선택과 결정의 주인행세이다.

  선거와 투표를 잘하도록 교육하는 정치교육은 민주시민교육의 핵심이다. 정치권에서 상용되고 있는 정치교육이라는 용어는 그들의 정치적 상商행위에 불과하고, 간혹은 불신의 늪으로 인도하는 악마의 유혹마저 가미되어 있어서 특별히 구별하여야 한다.

  민주시민교육에 있어서 정치교육의 목표는 간단하다. 선거 때 제대로 투표하는 것이다. 여·야, 보수·진보의 지지와 상관없이 올바른 세계관에서 비롯된 정치적 결단을 하도록 도와주는 것이 정치교육이다. 그래서 정치교육은 국가기관 중 정치중립이 가장 많이 보장될 수 있는 중앙선거관리위원회의 몫으로 해야 한다.

우리 사회의 풍토가 대통령·국회의원·지방단체장·지방의원·교육감 등 공직자 선출은 물론 대학교 총장, 농·수·축협 및 산림조합장, 정당의 당내경선, 학생회장, 동네 반장을 비롯한 각종 사적 영역까지 선거와 투표방식은 이미 시비 불가능한 정통성 부여 행위로 일상화되어 자리잡고 있으며 정형화된 직접민주적 사회행위가 되었다.

일반국민의 정형화된 직접민주적 정치행위가 공적 영역이든 사적 영역이든지 제대로 뿌리를 내리려면 정치중립적인 국가기관의 제대로 된 서비스를 충분히 받아야 하고 국민은 그것을 향유할 권리를 갖고 있다. 그 정치중립적인 국가기관이 바로 중앙선거관리위원회이다. 동 위원회의 분발과 정치권의 협조를 당부한다.

우리 사회에서는 왜 국가차원에서 민주시민교육이 아직도 시작되고 있지 않는 것일까. 그 속사정을 들여다보면 참담한 한국 민주주의의 현재의 질곡과 불투명한 미래를 확인하게 된다. 제5공화국을 군사쿠데타로 출발시킨 전두환 전 대통령이 과욕을 부렸다. 각 대학교의 사범대학에 국민윤리학과를 신설시키고 모든 공무원 시험에서 국사 과목 대신 국민윤리 과목을 강제 대체하면서 가식적 민주시민교육을 단행했다. 이에 한국에서는 국민윤리나 정치교육이 독재정권의 어용교육으로 둔갑하면서 처음부터 비정상적이고 국민적 거부감 속에서 시작되었다.

　민주시민교육의 지지부진함은 정권교체가 정상적으로 이루어지고 있는 현재의 제6공화국에서도 여전하다. 민주시민교육의 국가적 필요성을 인정하지만 여·야 서로의 불신·부정 때문에 정치적 합의가 이루어지지 않고 있다. 민주시민교육이라는 국민의식교육이 없는 한국 민주주의에서 어떠한 위기나 어떠한 상황에서도 정쟁만이 남고 진정한 의미의 즉 시민의식에 뿌리를 둔 국민통합과 화합은 요원할 뿐이다.

　보수는 진보를 종북세력으로까지 몰아붙이고 진보는 보수의 본질을 극우폭력세력으로 보고 있는 것이 오늘의 한국 정치·경제·사회·문화 등의 자화상이다. 이에 한국사회의 갈등비용은 천문학적이다. 갈등과 대립의 참담한 한국사회에서 벗어날 수 있는 길은 많은 국민들이 '깨어난 시민'으로 거듭날 때만 가능하다.

여러 가지 측면에서 우리사회에서는 학교에서의 민주시민교육보다는 고집불통의 어른들과 무책임한 정치인들에게 민주시민교육을 정조준해야 한다고 강변하고 싶다. 당장에, 주입식 교육을 받아왔고 지역주의와 이념의 틀에 갇혀있는 기성세대에게 곧 다가올 차기 대통령 선거에 제대로 투표하는 교육이 절실하다.

차기 대통령으로서 최적의 조건은 무엇일까. 여·야, 좌·우의 영역을 초월하여 민주시민교육 차원의 팁을 준다면, 대통령 후보의 정치적 전공이 무엇이든 상관없이 민주주의·경제·안보 세 분야 만큼은 학점으로 치자면 공통필수과목으로 우수하게 이수한 자여야 한다. 한국사회의 세 기둥인 민주주의·경제·안보를 좌·우, 보수·진보, 여·야의 칼날로 들이댄 자는 대통령 자격이 없다고 본다. 민주주의와 경제 그리고 안보는 객관적 검증이 가능하기에 이미 정치적 수사가 아닌 과학에 해당한다.

요컨대 대통령을 투표할 때 유권자는 민주시민의 자격과 수준으로서 대통령의 조건을 객관적으로 검증할 줄 알아야 한다. '민주시민'의 시대 방식에 걸맞는 새로운 대통령이 탄생할 때 국민 대중이 원하는 국가지대사가 염려 없이 진행될 수 있다. 이때 비로소 탄핵 메시지로서 민주시민사회로의 진입을 자신 있게 천명할 수 있다.

② 보수와 진보는 상호보완의 정치공간

한국정치의 아픔이자 취약점 중 하나가 보수·진보가 적대적 관계에 있다는 것이다. 정치세계에 있어서 보수와 진보는 동서고금을 망라해서 전통적인 편가르기의 척도이다. 양자 간의 관계가 치열하더라도 상호공존적 관계가 될 때 정치적 번영을 구가할 수 있다.

보수와 진보의 진정한 구별은 우선적으로 보편적인 가치관과 행동양식에서부터 구분이 되어 진다. 보수적인 행동양식은 현실적인 것에서 합리적 가치를 찾는 것으로 시작하고, 진보는 합리적인 기준에서 현실화할 것을 찾는 속성을 갖는다. 이러한 보수·진보 간의 사고와 행동양식의 차이는 서로의 다른 특성을 보여주는 것으로서, 상호공존과 보완이 될 때 소위 시너지효과가 있을 것이다.

보수와 진보가 정치현실적으로 또는 이념적으로 상호경쟁을 할 때 좌와 우로 뚜렷하게 대비될 때가 있다. 그러나 정치·사회·경제에서의 좌와 우의 개념구분은 명확하게 구별되기도 하지만 상황과 지역에 따라서 정반대로 표현되기도 한다. 한국과 유럽에서의 좌와 우가 중국과 러시아에서의 그것과는 서로 다를 때가 왕왕 있다.

소련이 러시아로 바뀌면서 좌파는 맑스-레닌이즘을 버리고 서구적 민주주의나 민족주의로 가는 것이었고, 보수적 우파는 소련공산체제를 유지하는 입장으로 분리되었다. 좌와 우의 개념은 시공을 초월한 불변의 것이 아니라 상황에 따라 가변적임을 명심할 필요가 있다. 이에 좌·우의 입장은 언제든지 서로 바뀔 수밖에 없기 때문에 보수와 진보 정치세력은 서로 간의 적대적이고 파괴적 경쟁관계에 설 필요가 없다.

향후 탄핵시민혁명 이후 조기대선 정국에서 정계개편은 불가피하다. 실패했던 제1기 촛불혁명을 반면교사 삼아 기존의 잘못된 보수·진보, 좌·우의 극단적인 대결구도를 청산, 백지화한다는 의미에서 제대로 된 보수와 진보의 정치

경쟁체제가 탄생되었으면 좋겠다.

요컨대 한 가정에서 엄마와 아빠의 역할이 필요하듯이, 한국정치에서 보수와 진보, 좌·우의 역할은 모두 긴요하다. 엄마나 아빠의 역할이 없어질 때 '결손가정'이 되듯이, 보수·진보의 균형이 무너질 때 한국정치는 또다시 '불량정치'가 되기 때문이다.

5 K-민주주의의 실현을 위하여

민주시민사회를 인류사회 고도의 완성단계로 보는 가장 절실한 이유는 '서로 다른 생각을 가진 사람들이 같이 사는 교육이 되어 있는 공동체'이기 때문이다.

원시사회는 원시인이, 산업사회는 산업일꾼이 주도했을 것이고 야만사회는 야만족, 독재국가는 독재자가 지배한다. 인류사회 진화의 최종最終을 민주시민사회라고 할 때, 민주시민이 이끄는 사회를 우리는 선진국가요 민주시민사회라고 명명한다.

민주사회를 인류사회 진화의 최종으로 보는 것은 서로의 실체와 서로 다른 입장을 인정하면서 토론하여 사회발전의 쟁점과 대안을 찾아가기 때문인 것이다.

토론이 있는 사회

지금 한국은 민주시민이 주도하고 있는 민주사회인가. '2016-2017 광화문 촛불시위'와 '2017 탄핵'이 상징적이었지만 아직은 아닌 것 같다. 겉모양새와 절차는 민주국가로 손색이 없지만, 보수·진보 서로 간의 토론과 소통이 거의 없어 민주질서의 힘이 약하고 불안한 사회다. 결국 12·3 비상계엄·내란 사태가 터지고 말았다.

민주시민사회를 인류사회 고도의 완성단계로 보는 가장 절실한 이유는 "서로 다른 생각을 가진 사람들이 같이 사는 교육이 되어 있는 공동체"이기 때문이다. 어느 과장하기 좋아하는 교수가 말하기를, 독일은 민주시민사회를 유지하기 위하여 국가예산 편성에 있어서 도로보수비용보다 민주시민교육에 더 쏟아 붓는다고 한다. 과장은 분명하지만 민주시민사회 공동체 유지를 위한 민주시민교육의 중요성 역설만큼은 실감이 난다.

누가 주도하느냐에 따라 그 사회는 규정되어진다. 원시사회는 원시인이, 산업사회는 산업일꾼이 주도했을 것이고 야만사회는 야만족, 독재국가는 독재자가 지배한다. 인류 사회 진화의 최종最終을 민주시민사회라고 할 때, 민주시민이 이끄는 사회를 우리는 선진국가요 민주시민사회라고 명명한다. 대다수의 국민대중이 참여한 과거 광화문 촛불집회가 강한 민주주의 국가 완성에 기여했다고 하여 우리 사회가 민주시민사회의 진입에 성공했다고 단언할 수 없다.

우리사회의 아픔이자 취약점 중 하나가 보수와 진보가 적대적 관계에 있다는 것이다. 한국사회의 적대적 균열구조는 천문학적 사회경제갈등비용을 허공 속에 뿌려대고 있고, 국가는 저발전의 늪 속에서 한 발짝도 못나가고 있다. 정상적인 발전궤도로의 진입을 위한 필수조건은 보수·진보가 상호보완적 관계에 설 때에 그것을 민주사회로의 진입이라 할진대, 비로소 한국의 제2의 비약적 발전이 가능한 시점이기도 하다.

서로 간의 토론과 소통이 없는 민주사회는 일사불란한 독재보다 못할 수도 있다. 우리나라는 중국·일본·북한 등 다른 동북아 국가들과 달리 여·야 정권교체형 민주체제를 가진 유일한 국가로서, 토론과 소통, 협치와 공생의 사회운영

2024년 12월 3일 윤석열 대통령 비상계엄 선포 이후, 여의도 국회 앞에서 탄핵을 외치는 시민들이 12월 14일 국회 탄핵소추안 가결에 환호하고 있다. [연합뉴스 자료사진]

방식을 갖추는 순간 엄청난 국가적 에너지와 민족적 에네르기를 갖게 될 것이다. 2002월드컵 때 모두가 체험한 바 있다. 특히 8년 만에 두 번에 걸친 촛불-응원봉 혁명과 탄핵은 글로벌한 K-민주주의의 등장이 가능한 내·외적 여건을 갖추고 있다는 것을 입증한다.

'토론이 있는 사회'는 진정한 민주사회로의 진입을 의미한다. 생산적 토론은 세상을 제대로 보려는 노력에서 시작된다. 민주한국사회의 구성원으로서 권리와 의무 배양을 위하여 각자에게 탈3차원적 장애와 탈한계적·탈고정적·탈허구적 사고를 권한다.

탈3차원적 장애 : 탈토론장애

신체장애를 제1차원적 장애, 정신장애를 제2차원적 장애라고 한다면, 세상을 제대로 보려는 양식과 양심을 못 가진 것을 제3차원적 장애(토론장애)라고 규정할 수 있다. 인간은 비록 신체와 정신적 장애는 불가피하게 겪게 될 수도 있지만, 세상을 객관적으로 보려고 노력하는 자는 제3차원적 장애에서 벗어난, 완벽한 사람이라 할 수 있겠다. 인간이 동물·짐승과 다른 것은 '세상을 객관적으로 보는 눈'을 가질 수 있다는 점에서 비교된다.

사회현상을 객관적으로 보려는 노력이 실종되면서 부질없는 이념과 허구, 심지어는 환상과 환각에 의해 우리 사회가 정치·사회 갈등으로 병들어가고 있다. 갈릴레오와 코페르니쿠스 이전, 태양이 동쪽에서 떠서 서쪽으로 지는 천동설天動說이 상식이었다면, 과학적 집념은 객관적인 사실로서 지구가 돈다는 자전自轉의 사실을 밝혀냈다. 상식도 적지 않은 경우 과학적, 객관적이 아닐 수 있다는 좋은 방증이다.

과학의 눈부신 발전만큼 사회현실도 과학적, 객관적으로 보려는 노력이 필요하다. 같은 사회적 사실을 두고 다른 철학과 입장, 다른 시각으로 이야기할 수 있는 것이 사회적 논쟁이다. 북한문제, 경제침체원인, 한일·한미·한중관계 등을 두고 싸움부터 할 것이 아니라 사회적 합의를 위한 토론을 할 줄 알아야 한다. 사회적 합의는 개개인 간의 철학과 입장이 부딪치면서 결론을 향해 갈 때, 사회적으로 가장 객관적인 답에 도달할 수 있다. 이에 많은 국민들이 탈3차원적 장애를 목표와 최고의 교양으로 삼아줄 때 한국사회는 한 차원 높은 단계로 급상승하게 될 것이다.

구체적으로 예를 들어 설명할 경우, 남북관계와 북한현실을 사회과학적으로 연구할 때 크게 두 가지 어려움을 지적할 수 있다. 첫째는 북한사회 자체를 관찰하기가 어렵다는 점에 있다. 북한사회 구석구석을 조사·연구할 수만 있다면 북한사회 변동예측과 남북한 통일방법의 답을 찾기 훨씬 쉬울 것이다.

그러나 이러한 사실보다 더 심각한 두 번째의 어려움은 남북관계를 바라보는 편향적 시각 및 이데올로기와 잘못 형성된 북한관北韓觀에 있다. 대북정책이 정치적인 남남갈등으로 이어질 때 보수·진보의 진영논리는 각자의 고집을 부리고 객관적으로 보려는 노력을 포기한다. 서로가 토론은커녕 적대적 관계로 설정하는 여·야의 대북논리에서 무슨 답이 나오겠는가. 북한문제를 바라보는 시각과 눈이 삐뚤어진 사람, 3차원적 장애, 즉 토론장애가 있는 자들이 많은 힘을 갖고 있는 한 대북문제는 한국사회가 풀 수 없는 난제가 되고 말 것이다. 비단 북한문제만이 아니라 우리사회를 정상화시키고 토론 있는 사회로 만들기 위해서는 경청할 줄 아는 학생처럼 3차원적 장애를 극복하기 위해 각자의 노력이 필요하다고 하겠다.

탈한계적·탈고정적·탈허구적 사고, 토론의 시작

과거 대중교통 풍속도 중 하나, 큰소리로 "본 제품은 그 효능이 과학적으로 입증되었습니다"고 외치며 여러 가지 상품들을 팔았다. '과학적'이란 말이 많은 사람들에게 신뢰를 주는 것이다. 과학이란 주관적으로가 아니라 누가 보아도 어느 곳에서도 객관적으로 맞다는 것을 뜻한다.

과학적인 것은 자연과학에만 있는 것이 아니라 사회과학에도 있다. '자연과학'이 자연현상을 객관적으로 연구·관찰·조사하는 것이라면, '사회과학'은 사회현상을 객관적으로 보는 것이다. 물리학·화학·생물학 등과 같은 자연과학 부문뿐만 아니라, 아주 다양한 사회적 현상·세상사를 객관적으로 볼 줄 알아야 그 사회가 발전하는 것이다.

정치인과 학자, 언론인·방송인 등 많은 국민들이 북한문제·경제성장·복지·교육개혁·광복절과 건국절 등의 사회현상을 객관적으로 보고 민주적으로 토론할 수 있다면, 우리사회가 탈바꿈되고 큰 도약을 할 수 있다고 장담한다. 사회과학은 자연과학과 달리 똑같은 사실을 보고도 철학과 입장, 즉 생각이 서로 다를 수 있기에 객관적·과학적 결론에 도달하기 위해서는 토론과정이 필수적이다.

민주사회를 인류사회 진화의 최종으로 보는 것은 서로의 실체와 서로 다른 입장을 인정하면서 토론하여 사회발전의 쟁점과 대안을 찾아가기 때문인 것이다. 우리사회에 세상을 객관적으로 보는 구성원들이 많아질수록 고도의 민주사회로 진입하게 된다. 세상을 객관적으로 보기 위해서는 옹졸한 한계적 사고와 경직된 고정적 사고 그리고 사실과 동떨어진 허구적 사고 습관에서 벗어나야 한다.

① **탈한계적 사고 : 오만과 자만**

첫째, '한계적 사고'는 지식의 단순한 축적이 '앎의 세계'에 도달한다는 착각에서 비롯된다. 예를 들어, 헌법·민법·형법 등 기본 3법 외에 상법·행정법 등을 암기하면 모르는

법이 점점 없어질까. 육법전서를 달달 외운다는 것이 곧 법학전문가로 인정되는 것은 아니다. 법적 사고legal mind와 철학의 정립이 뒷받침되어 있지 않은 지식은 어느 지점에 이르러서, 알면 알수록 모르는 상황이 생기게 된다.

소크라테스는 이 지점을 "나의 앎은 내가 무식하다는 것을 알게 되면서 비로소 시작되었다"에 해당된다고 본다. 눈에 보이는 세상사, 사회현상들이 전부 다가 아니다. 앞뒤, 위아래로 뒤집어보고 타인들과 대화와 토론 과정에서 깊이 우러나는 면들이 있다는 것을 인정하는 것이 객관적 사고를 갖는데 도움이 된다. 내가 알고 있는 알량한 지식에 갇혀 있으면 안 된다. 탈한계적 사고를 위하여.

② **탈고정적 사고 : 집착과 아집**

둘째, '고정적 사고'에서는 돌고 도는 변화무쌍한 세상사, 사회변동의 흐름을 볼 수 없다. 보수적 입장 또는 진보적 입장에 고정되어서 변화무쌍한 세상을 바라보는 것은 주관적 판단에 머무르기 십상이다.

『조용한 혁명』The Silent Revolution의 저자 잉글하트Ronald

Inglehart는 1960·70년대 유럽 사회가 부익부 빈익빈·대량생산의 산업사회가 아니라, 삶의 질과 가치를 중시여기는 정보와 지식 등 기술이 중요시되는 탈산업사회가 되었다고 서베이를 통해서 입증했다.

산업사회에서 상대적으로 잘살아서 보수적이었던 사무직 화이트칼라가 반핵·녹색운동 등 자아가치 실현을 위한 변화주도세력, 좌파$_{Left}$로 바뀌었다. 그 변화가 눈에 보이는 물리적 변동이 아니라 소리 없이 각 계층과 계급의 의식전환을 통하여 탈산업사회로 바뀌었다고 해서 '조용한 혁명'이라고 명명하였다. 인류역사에서 훌륭한 사회과학자·철학가·전문가일수록 특정 세계관에 집착하기보다는 변동하는 사회의 핵심사항을 본다. 탈고정적 사고를 위하여.

③ 탈허구적 사고 : 가식과 허상

셋째, '탈허구적 사고'는 세상을 객관적으로 보기 위한 가장 기초적 조건이다. 한국사회가 보수·진보 간의 적대적 대결을 해온 것 중에 가장 큰 원인은 자신들의 세계관을 거짓된 허구에 근거하고 있다는 점이다.

마르크스가 자신의 과학적 사회주의만이 객관성과 사실에 근거했고, 나머지 사상들은 허위의식에 불과하다고 광폭적으로 비판해 왔으나, 마르크스의 사회주의도 긴 역사 속에서 그 허구성이 발견되면서 비과학적 이데올로기로 치부되고 있다.

허구적 사고는 군사독재정권 시절 기승을 부렸다. 정권의 정통성을 한국사회에서 무리하게 찾다보니 역사적 사실들의 허구적 연결과 위장을 많이 동원하였다. 당시 산업화의 정통성을 단군신화에서 찾는 해프닝도 있었다. 역사적 사실을 무리하게 연결시키면서 산업화는 반공과 승공에서 비롯되고, 반공은 대한민국 정부수립과 독립운동으로 연결시키며, 구한말 개혁사상과 실학사상에까지 역사적 근원으로 거슬러 올라가는 시도를 하였다.

여기서 멈추지 않고 이순신 장군과 세종대왕 그리고 단군신화까지도 연결하여 설파하는 어용전문 역사학자들마저 등장하였다. 사회과학은 엄연한 사실과 실체에서 출발되어야 함에도 불구하고 허구적 사고에 빠져든 순간 가식과 허상을 과거 역사에 강제이식, 임플란트하게 되는 것이다. 이러한 허구적 사고는 한국역사와 사회과학에서 일소해야 할 최우선의 기초 작업이다.

허구적 사고는 과거 역사 속에서만 발생하는 것이 아니고 현재의 사회문제에서도 큰 해악이 되고 있다. 당면한 하나의 현실문제를 들자면 남북통일문제가 대표적이다. 한국사회에서 왜 남북분단이 되고, 어떻게 통일하는게 옳다고 보는지를 토론할 때 좌파·우파 간 진영논리의 고정적 사고에서 비롯된 대립은 차라리 약과藥果다. 철학과 고집의 충돌은 언젠가 토론이 가능할 때 협의 내지 최소한 정·반·합正反合의 과정이 있을 수 있으나, 허구에 근거한 논리는 허무맹랑하기 그지없다. 우리 사회에서 잘못된, 거짓의 사실에 근거하여 분단과 통일을 이야기할 때가 가장 큰 문제다. 어느 국가, 어떤 민족도 겪어보지 못하는 분단 및 전쟁의 아픔과 통일과제에서 허구적 사고는 정말 금물이다.

아주 오래된 고전 프랜시스 베이컨의 '동굴의 우상'을 한번쯤 읽어보길 권한다. 탈허구적 사고의 출발을 위하여.

에필로그

CONSTITUTION & REBELLION

관찰, 성찰, 좌표

 돌이켜보건대, 2016년 광화문의 함성과 감동이 이듬해 현직 대통령을 탄핵하고 문재인 정부를 출범시켰다. 한국 민주주의의 기념비적 쾌거로 세상이 밝아지리라 확신했는데 얼마 되지 않아 광화문에 태극기와 성조기가 등장하더니, 예기치 않은 인물 검찰총장 출신 윤석열로 정권이 교체되기에 이르렀다.
 8년 후, 놀라운 일이 동시에 일어났다. 국민이 선출한 제6공화국 대통령이 비상계엄 카드를 집어든 것과 제2의 촛불혁명이 거짓말처럼 반복되고 있다는 것이다.

박근혜와 윤석열은 다르다

지금 이 순간 두 가지 사실에 주목하고 싶다. 첫 번째는 윤석열 대통령의 행태가 박근혜 전 대통령과는 다르다는 사실이다. 자기정치를 권위적·인위적으로 노골화한 것으로 둘을 동일시할 수 없을 만큼, 12·3 내란사태는 나쁜 헌법정치의 뿌리를 갖고 있다. 비상계엄이 어설픈 것은 분명하지만, 5·16과 유신의 박정희와 5·17의 전두환을 추종·부활해 보려는 속셈이 있다. 반란의 불씨와 종자는 완전히 제거하지 않는 한 국가적 재앙으로 진행되는 암적 존재이다. 『헌법과 반란』에서 많은 부분, 박정희 정권의 반헌법적 헌정유산을 해부하는 데 초점을 맞춘 이유가 여기에 있다.

박정희 시대의 제왕적 대통령제의 반민주적 헌법규정이 전두환 5공과 단절한 현행헌법에도 잔영처럼 남아있다는 것, 많은 국민이 확인했다. 예를 들어 국회 선출 몫인 헌법재판관의 대통령(권한대행 포함) 임명의 우여곡절 과정은 대통령에게 많은 권한이 지나치게 과잉 위임되어 있는 비민주적 전형을 보여주었다.

헌법 문제는 아니지만 공수처 체포영장 집행과정에서도 불명예스러운 경호처의 대통령 사병화 모습을 보았다. 미국 비밀경호국과 영국·일본의 경우처럼 경찰청이나 일반 행정부처의 소속으로 하여 대통령 경호임무를 담당했더라면, 내란수괴 대통령 사수의 요새를 쌓아 국가기관의 공무집행을 저지하는 추태를 보여주지는 않았을 것이다. 이러한 것들은 제왕적 대통령제의 흔적으로서 아직도 헌법 및 법률과 각종제도의 관행에서 발견되고 있다.

2025년은 새로운 민주선진 대한민국으로 가기 위한 청산의 원년이 되어야 할 것이다. 분명 12·3 내란사태는 나쁜 헌정유산이 낳은 괴물이다.

촛불혁명의 성공과 한국정치의 비약적 발전을 위하여

두 번째로, 촛불혁명을 한 번 실패해 보았다는 소중한 경험에 주목하고 싶다. 4·19혁명과 6·10항쟁 후에도 개헌을 하였는데, 전국적 범위에서 지역·연령·성별, 보수·진보 상관없이 모든 국민이 동참·동의해 준 촛불혁명에서 개헌과 통합정치를 하지 못한 문재인 정부를 냉정히 분석해야 한다. 비단, 문재인 전 대통령만의 책임은 아닌 것이 촛불혁명에 도취한 나머지 헌법을 비롯한 제도개혁, 새로운 보수·진보로의 정치지형 변경, 한반도 평화 문제 등에 정치권과 수많은 전문가들의 사명감이 새로운 세상을 만드는 데 너무 못 미치고 허술했다. 사지에 빠져있는 한국정치를 건져낸 '초일상의 정치', 광화문 촛불혁명에 대하여 일상의 정치도구인 의회·정부·정당은 아무런 응답을 하지 못했다.

12·3 내란사태와 제2의 촛불혁명 이후 또다시 단기·중기·장기의 과제가 놓였다. 당장에 새로운 대통령을 잘 뽑아야 하는 것이다. 한국사회의 세 기둥인 민주주의·경제·안보를 좌·우, 보수·진보 및 여·야의 칼날로 들이대는 자는 대통령 자격이 없다. 민주시민의 시대 방식에 걸맞는 새로운 대통령이 선출될 때, 격변의 시대 국가지대사가 염려 없이 진행될 것이다.

동시에 탄핵시국과 조기대선 과정에서 양극단 경쟁구도의 정치진영이 새롭게 재구성되어야 한다. 시대에 맞는 정치인이 보수·진보의 중심에 서고, 여·야 경쟁구도의 짝짓기로 새로운 정치파트너십을 형성해 나아갈 때 비로소 국민적 합의의 개헌을 실현할 수 있다.

국민의 정치적 총의總意 형성은 일단은 탄핵과 대선정국을 주도하는 정치세력이 선제적으로 챙겨야 할 숙제다. 촛불혁명의 함성과 열기를 일방 독주로 견인하려다 실패했던 9년 전의 경험에서 교훈과 지혜를 찾아야 한다.

장기적으로는 역시 국민의 정치참여형태가 적대적 관계에 있는 보수·진보진영 논리에서 벗어나, 같은 국가 구성원으로서 상호보완의 정치공간으로 이동시켜 나아가야 한다. 가정에서 엄마와 아빠의 역할이 다 필요하듯이 한국정치에서 보수와 진보, 좌·우의 역할은 모두 필요하다. 엄마나 아빠의 역할이 없어질 때 '결손가정'이 되듯이, 보수·진보의 균형이 무너질 때 한국정치는 또다시 '불량정치'가 되기 때문이다.

언젠가 한국정치가 건강한 좌·우의 날개로 균형 있게 비상하는 새처럼, 비약하기를 고대한다.

헌법과 반란
끝나지 않은 반란 5·16부터 12·3까지
대통령 잘 뽑기와 한국정치의 성공 조건

1판 1쇄 인쇄 | 2024년 1월 10일
1판 1쇄 발행 | 2024년 1월 22일

지은이 | 박상철
발행인 | 정윤희
본문디자인 | 김미영
표지디자인 | 올디자인그룹

발 행 처 | PARK&JEONG
(PARK&JEONG은 책문화네트워크(주)의 단행본 브랜드입니다.)
출판신고 | 2009년 5월 4일
출판사 신고확인증 | 제2024-000009호
주소 | 경기도 용인시 기흥구 흥덕2로87번길 18, 이시티빌딩 B동 4층
엠피스광교센터 422호
전화 | 02-313-3063
이메일 | prnkorea1@naver.com
홈페이지 | www.prnkorea.kr

ISBN 979-11-92663-22-7 03300

값 17,000원

● 이 도서는 저작권법에 보호받는 저작물이므로 무단 전재와 복제를 금합니다.
● 잘못된 책은 바꾸어 드립니다.